IS연상법으로 48분 만에 배우는

히라가나 와 가타카나
ひらがな・カタカナ
지도서

동양books

IS연상법으로 48분 만에 배우는
히라가나와 가타카나

초판 인쇄 | 2012년 2월 22일
초판 발행 | 2012년 2월 27일

지은이 | 정기영·김용각·カッケンブッシュ寛子·水田澄子·梅田康子·鈴木庸子 외
발행인 | 김태웅
총괄 | 권혁주
책임편집 | 조혜연
편집 | 김해영
표지 디자인 | 안성민
본문 디자인 | 박서현
마케팅 | 조도현, 정상석, 서재욱, 장영임,
　　　　김귀찬, 왕성석, 김철영
제작 | 현대순

발행처 | 동양북스
등록 | 제10-806호(1993년 4월 3일)
주소 | 서울시 마포구 서교동 463-16호 (121-842)
전화 | (02)337-1737
팩스 | (02)334-6624
웹사이트 | http://www.dongyangbooks.com
　　　　　http://www.dongyangTV.com

ISBN 978-89-8300-889-3 14730

▶ 본 책은 저작권법에 의해 보호를 받는 저작물이므로 무단 전재와 복제를 금합니다.

머리말

현재 한국의 일본어학습자는 전세계에서 가장 많은 수를 차지하고 있으며, 2001년부터는 중학교에서도 일본어가 선택과목으로 교과과정에 편성되었다. 학습자들이 일본어 수업에서 가장 먼저 만나는 것이 히라가나와 가타카나이다. 그러나 초기단계의 학습자들은 이러한 문자를 외우는 과정에서 일본어에 대한 흥미를 잃어버리는 경우도 적지 않다고 보고되고 있다.

이러한 문제를 현장에서 직접 경험한 많은 일본어 교사들은 여러 가지 교육학적 그리고, 심리학적 이론을 바탕으로 다양한 지도법을 고안하며 실행해 왔다. 그중에서도 본 교재는 연상법(association method, mnemonic method)에 기반을 두고 탄생한 IS연상법을 바탕으로 고안되었다.

IS연상법을 간략하게 설명하자면, 이미지(image : 시각적 매개)와 스토리(story : 언어적 매개)를 이용한 기억전략이다. 일반적으로 새로운 대상을 기억할 때 단순히 대상 자체만을 기억하기보다는 그 대상에 관련된 그림이나 스토리를 함께 머릿속에 각인시킨다면, 시간이 지나서 그 대상을 기억해내는 것이 어렵더라도 관련 그림이나 스토리를 보거나 듣는다면 기억재생능력이 높아진다는 이론이다. 이러한 이론의 효과 및 검증은 Atkinson & Shiffrin(1968)과 pavio(1971) 그리고 옥스포드(1994) 등 심리학과 교육학 관련 연구에서 뒷받침되고 있다. 또, 지금까지 수집된 자료에서 얻은 결과, 이전의 지도법과 비교해보니 연상법에 의한 히라가나 지도법이 학습동기 유지 및 문자의 기억에 있어서 가장 우수하다는 결론을 얻었다.

이러한 이론적 틀을 바탕으로 개발된 본 교재는 초기단계 학습자들의 1차 난관인 히라가나와 가타카나를 IS연상카드를 이용해 각각 48분 만에 익힐 수 있다는 것을 전제로 한다. 따라서, 개발된 IS연상카드를 효과적으로 사용하고 지도하는 것이 수업의 성공을 좌우한다. 각 카드에서 포인트로 다루는 주의점을 참고로 하여, 스토리와 키워드를 선택해 진행해 나가는 것이 무엇보다 중요하다. 그 외에도 카드의 제시방법이나 학습자의 활동에도 다양한 방안 모색이 필요하다.

마지막으로, 본 교재를 통해 일본어 학습자들이 좀 더 쉽고 재미있게 일본어에 다가갈 수 있기를 기대한다.

저자 일동

Contents

머리말 · 3

제1장 IS연상법 소개

01 들어가기
1. IS연상법 · 6
2. 48분만에 히라가나&가타카나 배우기 · 7

02 히라가나
1. IS연상카드로 히라가나 소개하기 · 8
2. IS연상카드 활용의 유연성 · 9
3. 히라가나 색깔별 IS연상법 50음도 · 9

03 가타카나
1. IS연상카드로 가타카나 소개하기 · 11
2. 기존 학습자들에 대한 재교육 · 12
3. IS연상카드 활용의 유연성 · 12
4. 가타카나 색깔별 IS연상법 50음도 · 13

04 복습하기
1. 복습의 포인트 · 15
2. 쓰기 연습의 시기 · 16

제2장 교사용 지도 매뉴얼

01 히라가나 교사용 지도 매뉴얼 (한국어판) · · · · · · · · · · · · · · · · · · 18

02 가타카나 교사용 지도 매뉴얼 (한국어판) · · · · · · · · · · · · · · · · · · 41

03 히라가나 교사용 지도 매뉴얼 (일본어판) · · · · · · · · · · · · · · · · · · 65

04 가타카나 교사용 지도 매뉴얼 (일본어판) · · · · · · · · · · · · · · · · · · 88

제3장 부록

히라가나와 가타카나 게임 · 114

IS연상법 소개

01 들어가기

1. IS연상법

연상법은 영어로는 association method 또는 mnemonic method라고 한다. 이것은 기억기술 중의 하나인데, 우리가 일상적으로 체험하고 있는 현상이다. 예를 들어, 구체적인 그림이나 이미지는 머릿속에 남는다. 새로운 것을 외울 때, 이미 기억하고 있어서 절대 잊어버리지 않는 것과 연결해서 기억한다면 그것은 장기기억이 된다. 또, 의미 있는 단어도 기억의 보조장치로서, 만약 잊어버린다 해도 다시 기억해내는데 도움을 준다. 이렇듯 연상법은 특별한 기술이 아니라, 우리가 일상생활에서 직접 경험하고 있는 것이다.

이러한 연상법을 바탕으로 생겨난 IS연상법은 글자의 모양과 소리를 친숙한 단어와 이미지 혹은 컨셉으로 연결하는 방식이다. 이미지(image : 시각적 매개)와 스토리(story : 언어적 매개)를 문자의 지도법에 응용해서 개발한 것이 바로 IS연상법이다.

IS연상법의 기본이 되는 이미지와 스토리 부분에 대한 연구는 교육학과 심리학에서도 이루어져왔다. 기억전략이라는 관점에서, 레베카·L(1994)은 '언어학습 전략'이라는 연구에서 언어학습을 위한 기억전략을 다음과 같이 분류하고 있다.

1) 지적 연결고리를 만든다 2) 이미지나 소리를 연결시킨다 3) 반복해서 복습한다 4) 동작으로 옮긴다 이렇게 4가지인데, 이 중 '2) 이미지나 소리를 연결시킨다'에 대한 효과를 다음과 같이 설명한다.

- 이미지를 사용한다 (의미 있는 시각 이미지를 사용해, 외국어 정보를 기억 속 개념에 연결시킨다)
- 키워드를 사용한다 (새로운 언어를 시각적 연결과 청각적 연결을 사용해 기억한다)
- 청각적 연결이란 모국어 속에 새로운 언어와 비슷한 소리를 가진 언어를 발견하는 것이고, 시각적 연결은 새로운 언어와 이미 알고 있는 언어의 관계를 이미지로 만드는 것이다.

위의 연구에서도 이미지와 스토리를 이용한 기억전략은 새로운 문자를 습득할 경우, 효과적인 방법 중 하나라고 밝히고 있다.

따라서, IS연상법은 학습자들이 글자 모양과 소리의 특징을 기억하는데 효과적인 학습방법이라고 말할 수 있다. 일본어 문자학습에서 구체적으로 말하자면, 히라가나와 가타카나에 몇 가지 추가적인 선을 덧붙임으로서 글자는 그림으로 변하는데, 여기에 짧은 스토리를 연결시키는 것은 학습자들의 기억을 돕는다는 것이다. 특히, 비슷한 형식의 글자 학습에서는 더욱 그러하다.

그럼, 이제부터 본 교재에 사용된 실제 예를 살펴보자. 예를 들어, 「그」와 「그」와 「크」는 그 모양이 서로 비슷하다. 다음은 이렇게 모양이 비슷한 글자를 하나의 스토리로 연결한 것이다.

「그」 코알라가 나무에 매달려 있어!!
「그」 꼬리로 유혹하는 코알라
「ㅋ」 코알라가 유혹해서 받은 요구르트

이러한 연상법의 핵심은 단순 기억강화가 아니라, 삽입된 스토리간의 결합이다. 만약 스토리가 이미지와 결합된다면, 학습자들의 글자 인식능력은 이후의 쓰기 차원에서 더 강화될 것이다.

2. 48분 만에 히라가나&가타카나 배우기

도입단계 수업에서의 목표는 학습자들이 모든 글자와 그에 해당하는 소리를 학습하는 것이다. 평균 수업시간이 50분이면 1분에 한 글자씩, 나머지 2~3분은 학습한 내용을 정리한다. 46개의 글자를 48분 안에 학습하는 것은 터무니없는 과제가 아니며, 이러한 학습은 가능하다고 입증되었다.

본 교재를 이용한 수업에서는 다음과 같은 수업진행 방식을 권장한다.

첫째, 48분 수업시간 내에 46개의 히라가나 글자를 전부 보고 읽을 수 있게 한다.

둘째, 한 행의 글자 설명이 끝나면 그 행을 복습하고, 두 개의 행이 끝나면 앞의 행과 함께 다시 반복한다. 이때 정답률이 낮은 글자는 다시 설명을 하거나 즉석에서 외우는 시간을 조금 줄 수도 있다.

셋째, 「け・は」 등과 같이 연관지어 설명을 해야 하는 글자는 새로운 글자를 익힐 때마다 앞서 배웠던 글자를 다시 보여주며 이야기를 연결해서 설명한다.

넷째, 단시간에 많은 글자를 암기해야 하기 때문에 후반부로 갈수록 집중력이 떨어진다. 그러므로 「ま」행부터는 진행 속도를 조금 천천히 할 필요가 있다.

다섯째, 가능하면 교사는 재미있게 설명하고 제스처를 많이 사용하는 것이 도움이 된다.

여섯째, 글자 외우기에 들어가기 전 일본의 문자에 대해서 간략하게 설명할 필요가 있다. 이때 준비된 50음도표를 칠판에 게시하여 이용한다.

일곱째, 수업 도중에 암기가 잘 되지 않는 글자에 대해서 개인별로 암기상태를 확인해야 한다.

02 히라가나

1. IS연상카드로 히라가나 소개하기

연상카드를 소개할 때 다음과 같은 진행방식을 권장한다.

첫째, 커다란 히라가나 차트를 준비해서 칠판 앞에 붙여둔다. 예를 들면, 다음과 같은 차트 형식이 좋다.

	a	k	s	t	n	h	m	y	r	w
a	あ	か	さ	た	な	は	ま	や	ら	わ	ん
i	い	き	し	ち	に	ひ	み		り	
u	う	く	す	つ	ぬ	ふ	む	ゆ	る	
e	え	け	せ	て	ね	へ	め		れ	
o	お	こ	そ	と	の	ほ	も	よ	ろ	を

이때 차트에서 사용된 글자체는 연상카드에서 사용된 글자체와 같아야 한다. 도입단계의 학습자들에게는 아무리 작은 글자체의 변형이라도 혼란을 가중시킬 가능성이 있기 때문이다.

둘째, 학습자들에게 상상력을 발휘할 것을 주지시킨다. 이러한 도입방식은 학습자들의 흥미를 불러일으킬 것이며, 긍정적이며 적극적인 수업 분위기는 학생들의 수업태도를 고무시킬 것이다.

셋째, 타임키퍼를 설정하는 것이 좋다.

넷째, 연상카드를 제시할 때 너무 어렵거나 빠르지 않게 소개한다.

이 단계에서 중요한 것은 학습자가 어떠한 사항도 받아 적으면 안 된다는 것이다. 만약 학습자가 필기구나 노트에 주의가 분산된다면, 집중력은 떨어지게 된다.

그리고 학습자들로 하여금 글자모양과 발음 자체를 외우게 하기 보다는 각 글자의 스토리와 글자모양에 집중하도록 분위기를 조성하는 것이 좋다. 그러므로 자료 및 프린트물은 수업의 마무리 단계에서 나누어 주도록 한다.

다섯째, 몇몇의 글자를 소개한 후, 복습을 하며 주의를 환기시키는 것이 좋다. 각 글자들은 그 발음뿐만 아니라 그에 해당하는 스토리가 함께 기억되어야 한다. 비슷한 모양의 글자들은 함께 모아서 보여주고, 그 차이점을 강조하며 설명한다.

여섯째, 학습한 내용을 복습할 때는 무겁지 않은 분위기에서 즐겁고 유쾌한 복습이 되도록 한다. 예를 들어 학습자 한 명을 지정해서 앞으로 나오게 하여 연상카드를 들고 있게 하거나, 다른 학습자를 테스트하기 위해 글자가 적힌 차트를 가리키게 한다.

일곱째, 만약 시간이 있다면 학습자들에게 친숙한 일본어 단어를 읽게 한다. 예를 들어, 단어는 'すし, にほん, とよた, からて, きもの, さくら, さむらい' 그리고 숫자는 'いち, に, さん, し, よん, ろく, しち, なな, はち, く' 등을 읽게 한다.

그러나 이 단계에서 새로운 단어를 소개하는 것은 바람직하지 않다. 이것은 단지 배운 글자의 인지를 강화시키는 단계이기 때문이다. 그리고 학습자들에게 친숙한 단어라도, 예를 들어 「とうきょう」나 숫자 중에서 「ご, きゅう」 그리고 「こんにちは」처럼 요음, 탁음 등 복합된 조합의 단어는 이 단계에서는 소개하지 않는 것이 좋다.

2. IS연상카드 활용의 유연성

본 교재에 제시된 그림은 간단하고 효과적이라고 말할 수 있다. 그러나 만약 제시된 그림이 적절하지 않다고 생각되거나 효과적이지 않다고 여겨질 상황이라면, 교사나 학습자가 자신들에게 맞추어 새롭게 만들어 내거나 바꿀 수도 있다.

나만 복잡하거나 애매한 그림은 학습자들의 기억처리과정에 혼란을 가져오므로, 제시되는 그림은 간단하면서도 흥미를 불러일으켜야 한다는 점에 주의해야 한다.

3. 히라가나 색깔별 IS연상법 50음도

한국어판

- 케찹 시리즈 : け첩이 터져버렸네! ははは!
  ほ빵 위에 け첩이 떨어졌네!
- 타잔 시리즈 : た잔도 な무에서 떨어질 때가 있네!
- 누렁이 시리즈 : ぬ렁이가 め롱~!
- 스포츠 시리즈 : や구를 하기 전에 よ가로 몸 풀고 ゆ니폼 착용.
- 우주 시리즈 : る비를 팔아서 ろ켓으로 우주여행.
- 운동회 시리즈 : れ디고! 1등으로 골인! 주위에서 わ~!

日本語版

- ケチャップのシリーズ : けチャップの下が破れてしまった! ははは!
  ほパン(あんまん)の上にけチャップが落ちている!
- ターザンのシリーズ : たーザンもなム(木)から落ちるよね!
- ヌロンイ(黄色い犬)のシリーズ : ぬロンイ(黄色い犬)がめロン(べ~)!
- スポーツのシリーズ : や球をする前に、よーガで準備運動をしてからゆニホームを着る。
- 宇宙のシリーズ : るビーを売って、ろケットで宇宙旅行。
- 運動会のシリーズ : れディーゴー! 一等でゴールイン! 周りからわ~!

03 가타카나

1. IS연상카드로 가타카나 소개하기

연상카드를 소개할 때, 다음과 같은 진행방식을 권장한다.

첫째, 커다란 가타카나 차트를 준비해서 칠판 앞에 붙여둔다. 예를 들면, 다음과 같은 차트 형식이 좋다.

	a	k	s	t	n	h	m	y	r	w	n
a	ア	カ	サ	タ	ナ	ハ	マ	ヤ	ラ	ワ	ン
i	イ	キ	シ	チ	ニ	ヒ	ミ		リ		
u	ウ	ク	ス	ツ	ヌ	フ	ム	ユ	ル		
e	エ	ケ	セ	テ	ネ	ヘ	メ		レ		
o	オ	コ	ソ	ト	ノ	ホ	モ	ヨ	ロ	ヲ	

둘째, 학습자들에게 가타카나 차트를 보여주고 가타카나의 특징을 간단하게 언급해 준다. 예를 들어 가타카나의 특징은 일본어에서 외래어를 표기할 때, 의성어나 의태어를 나타낼 때, 그리고 문장 중간에 특별히 강조하는 부분에서 쓰인다는 점을 이야기해 준다.

보통 히라가나를 배우고 나서 가타카나를 배우기 때문에, 히라가나를 배운 학습자들은 가타카나를 40분 안에 학습할 수 있다. 그 이유는 가타카나 중에 8개의 글자(ウ, カ, キ, セ, ヘ, モ, ヤ, リ)가 그에 해당하는 히라가나 글자와 모양이 비슷하기 때문이다.

셋째, 타임키퍼를 설정하는 것이 좋다.

넷째, 연상카드를 제시할 때 너무 어렵거나 빠르지 않게 소개한다. 만약 학습자들에게 맞지 않다고 생각된다면 바꾸어도 좋다. 학습자들에게 자신들의 이름에 사용되는 가타카나를 가르쳐 준다면, 적어도 몇몇 가타카나는 친숙해질 것이다.

그러나 이 단계에서 중요한 것은 히라가나와 마찬가지로 학습자들이 글자를 받아 적거나 노트에 주의가 분산되면 안 된다는 점이다. 교사는 글자모양과 발음 자체를 학습시키기보다는 각 글자의 스토리와 글자모양에 집중하도록 분위기를 조성하는 것이 좋다. 스토리는 이후의 단계에서 발음과 글자모양을 기억하는 과정에서 중요한 역할을 하기 때문이다.

다섯째, 몇몇의 글자를 소개한 후 복습을 하며 주의를 환기시키는 것이 좋다. 여기서도 중요한 것은 히라가나와 마찬가지로 각 글자들은 그 발음뿐만 아니라 그에 해당하는 스토리가 함께 기억되어야 한다. 비슷한 모양의 글자들은 함께 모아서 보여주고, 그 차이점을 강조하며 설명한다.

여섯째, 학습한 내용을 복습할 때는 무겁지 않은 분위기에서 즐겁고 유쾌한 복습이 되도록 한다. 예를 들어 학습자 한 명을 지정해서 앞으로 나오게 하여 연상카드를 들고 있게 하거나, 다른 학습자를 테스트하기 위해 글자가 적힌 차트를 가리키게 한다.

일곱째, 만약 시간이 있다면 학습자들에게 친숙한 일본어 단어를 읽게 한다. 예를 들어,

- アイス　ice
- ライス　rice
- スイス　Swiss
- ナイフ　knife
- ライフ　life
- ライト　light

와 같은 단어들을 읽게 한다. 그러나 이 단계에서 변형된 가타카나를 소개하는 것은 바람직하지 않다. 예를 들어 ドア(door), パイ(pie), トースト(toast), チョーク(chalk), ティーム(team) 등과 같이 탁음, 반탁음, 장음 등이 포함된 단어는 이 단계에서는 소개하지 않는다.

2. 기존 학습자들에 대한 재교육

학습자들 가운데는 생활 속에서 우연히 접하거나 알게 된 몇몇의 가타카나가 있을 수 있고, 또 완벽하지는 않지만 쓰거나 읽을 수 있는 글자도 있을 것이다. 그러나 결과적으로 가타카나 글자 전체를 학습해야 하므로, 이러한 학습자들도 처음 단계로 돌아가서 글자모양과 발음의 결합을 재확립시키고 이것을 토대로 강화학습하기를 권장한다.

3. IS연상카드 활용의 유연성

수년간 교사들은 연상카드의 그림이나 스토리를 학습자들의 환경과 흥미, 그리고 요구에 맞추어 수정해 왔다. 바로 이러한 점이 연상법의 장점이라고 할 수 있다. 연상법은 개개인의 견해와 융통성을 인정한다.

히라가나 카드가 그렇듯이 가타카나 카드 역시 학습자들의 학습과정을 돕기 위한 것이지 방해하는 것이 아니기 때문이다. 그러므로 어떠한 이유에서든 적절하지 않다고 판단된다면 스토리나 그림은 바꿀 수 있다.

4. 가타카나 색깔별 IS연상법 50음도

	a	k	s	t	n	h	m	y	r	w	n
a	ア	カ	サ	タ	ナ	ハ	マ	ヤ	ラ	ワ	ン
i	イ	キ	シ	チ	ニ	ヒ	ミ		リ		
u	ウ	ク	ス	ツ	ヌ	フ	ム	ユ	ル		
e	エ	ケ	セ	テ	ネ	ヘ	メ		レ		
o	オ	コ	ソ	ト	ノ	ホ	モ	ヨ	ロ	ヲ	

> **한국어판**

- **쿠폰 시리즈** : ク폰을 7장 모으면 夕월을 받아요.
- **코알라 시리즈** : コ알라가 ユ혹해서 ヨ구르트를 받았다.
- **시계 시리즈** : シ계를 봐! ン가 하고 학교가야지.
- **스포츠 시리즈** : ス윙해서 홈런! ヌ가 창문 깼어?
  ス포츠로 ネ트워크를 만들어 평화로운 세계를 만들자!
- **치킨 시리즈** : テ이블만 있는 거야? チ킨도 있는데 좋아해?
- **운동과 성공 시리즈** : 스포ツ 선수라면 체력은 기본! → ノ란 바나나는 운동할 때 좋아요! → "아니야! 공부도 잘해야 해" ソ리치는 엄마 → 성공하려면 メ모하는 습관도 중요하죠~!
- **후보자 시리즈** : フ보자의 한마디 → 당선되어 ワ인으로 건배 → 기분 좋다! ウ하하!
- **마라톤 시리즈** : マ라톤이 끝난 후 ア이스크림을 먹는다.
- **모기 시리즈** : モ기!! ニ가 정말 싫어!
- **운동회 시리즈** : レ디~~고! 룰ル랄라~ 1등했다!
- **오리고기 라면 시리즈** : ヲ리고기 ラ면.

日本語版

- クーポンのシリーズ：クーポン7枚集めたら、タオルがもらえる。
- コアラのシリーズ：コアラがユホク(誘惑)してヨーグルトをもらった。
- 時計のシリーズ：シゲ(時計)を見て！ ンガ(うんち)して学校に行かなくちゃ。
- スポーツのシリーズ：①スイングしてホームラン！ ヌガ(誰が)窓ガラスを割った?
  ②スポーツでネットワークを作って、平和な世界を作りましょう。
- チキンのシリーズ：テーブルだけなの? チキンもあるんだけど、好き?
- 運動と成功のシリーズ：スポーツ選手なら、体力が重要！→ ノラン(黄色い)バナナは運動をする時、いい！→「いや！ 勉強も重要なんだ」とノリチヌン(大声を出す)母 → 成功するためには、メモする習慣も身につけなきゃ！
- 候補者のシリーズ：フボジャ(候補者)の一言 → 当選してワインで乾杯 → 気持ちいいな！ ウハハ！
- マラソンのシリーズ：マラソンが終わった後、アイスクリムを食べる。
- 力のシリーズ：モギ(力)!! ニガ(お前が)本当にいやだ！
- 運動会のシリーズ：レディーゴー！ ルルララ(ルンルン)〜一等した！
- 鴨ラーメン のシリーズ：ヲリゴギ(鴨)ラーメン。

04 복습하기

1. 복습의 포인트

도입단계가 지난 학습자들에게 중점적으로 지도해야 하는 부분은 연상법을 이용한 히라가나와 가타카나의 복습과 기억강화이다. 이것과 관련된 다섯 가지 지도방법을 살펴보기로 한다.

첫째, 스토리를 따른다.

배운 글자를 복습할 때, 학습자들에게 발음과 스토리를 글자모양과 함께 인지시킨다. 예를 들어 가타카나의 「マ」를 복습한다면, 학습자들에게 어떤 상황의 그림(마라톤 선수가 물병을 들고 뛰는 그림)이었는지 기억하는가 물어보고, 글자의 모양과 스토리(마라톤 선수에겐 물이 생명!!)를 다시 한번 연관시켜 설명해 준다.

이렇게 학습자들이 각 글자들을 하나의 그림으로 시각화하는 작업은 이후에 글자들을 인지하고 구별할 때 중요한 역할을 한다. 또한, 쓰기 단계에서도 이 과정은 학습자들에게 글자의 형태를 기억해 내는데 도움을 준다.

둘째, 접근과 방법에 있어 일관성을 유지한다.

이미 히라가나와 가타카나를 소개했다면, 교사는 그 소개방식을 끝까지 유지하는 것이 좋다. 그러나 이것은 매뉴얼대로 모든 수업방식을 고수하라는 의미가 아니라, 각 글자의 인식과 기억강화 작업이 각 수업에서 일정하면서도 규칙적인 방식으로 진행되어야 한다는 것이다.

셋째, 교사는 선택적으로 이용 가능한 자료와 활동수업을 도입한다.

지도자는 다양한 프린트물과 활동수업, 그리고 게임 등을 구상할 수 있다. 여기서 주의할 점은 이용하는 자료와 활동수업이 무계획적으로 도입되어서는 안 된다는 점이다. 이것들은 오히려 학습자들의 주의력과 객관성을 떨어뜨릴 수 있으므로 선택적으로 도입되어야 한다.

넷째, 의미적 차원에서 히라가나와 가타카나 문자를 강화시킨다.

학습자들이 일본어 문자에 대해 반감이 아닌 친밀감을 갖게 하는 것이 중요하다. 학습 초기단계에서 학습자들에게 그림과 스토리 연상법을 이용해 각 글자의 형태와 발음을 기억하고 구별하도록 흥미를 북돋아 주는 것이 필요하다.

한자와 달리 히라가나와 가타카나는 문자 그 자체에는 의미가 없다. 그러므로 학습자들의 주변 생활환경에 자연스럽게 제시되어 친숙해지도록 한다. 자연스럽고 반복적인 노출을 이용한 학습환경은 일차원적인 학습환경보다 더욱 장려되는 학습환경이라고 할 수 있겠다.

다섯째, 짧은 형식의 읽기 자료를 통해 글자 인식과 발음 습득을 촉진시킨다.

아이들이 모국어를 습득할 때, 문자와 리듬과 언어체계에 익숙해지는 방법은 읽기를 통해서이다. 이것은 외국어를 배울 때도 마찬가지이다. 학습자는 읽기 자료를 선택할 때, 정보를 제공하면서 짧은 이야기가 있거나 혹은 편지 형식을 이용하는 것이 좋다. 이러한 자료를 통해 학습자들은 자연스럽게 외국어 문자와 언어에 친숙하게 된다.

주의할 점은 우선 읽기만 시키고, 학습자들의 이해도는 나중에 점검한다. 이러한 방식은 언어를 학습하는 자연스러운 접근방식이므로, 다양하고 풍부한 읽기 자료의 제공은 학습자들에게 부담감을 줄여주고 자신감을 줄 수 있다. 그러나 학습 초기 단계에 이러한 읽기를 실시한다면, 이해가 덜 된 학습자들은 읽기 자료가 제시될 경우 혼자 읽거나 낭독에서 오는 부담감을 느낄 수도 있다.

2. 쓰기 연습의 시기

쓰기 연습의 시작 시기는 학습자들의 학습 수준과 수업 목표에 따라 다르겠지만, 학습자들이 연상법으로 배운 히라가나와 가타카나에 대해 충분히 익숙해진 다음에 실시하는 것이 좋다. 글자체와 모양이 학습 환경에서 자연스럽게 노출되어 친숙해진 다음에 쓰기 연습을 실시한다면, 학습자들은 히라가나와 가타카나 암기에 대해 필요 이상의 스트레스는 받지 않을 것이다.

제2장
교사용 지도 매뉴얼

01 히라가나 교사용 지도 매뉴얼(한국어판)

あ행

あ

지도 요령

① 글자 「あ」를 보여주고 '아'라는 발음을 따라 하게 한다.
② 그림카드를 보여주며 "어떤 장면이 연상됩니까?"라고 물어본다.
③ "치과에서 충치를 뽑기 위해 입을 벌리고 [아~]하는 모습"이라고 설명한다.
④ 다시 한 번 「あ」글자를 보여주며 따라 읽게 한다.

◀ 치과에서 충치를 뽑기 위해 입을 벌리고 아~.

い

지도 요령

① 글자 「い」를 보여주고 '이'라는 발음을 따라 하게 한다.
② 그림카드를 보여주며 "여자가 귀에 무엇을 하고 있습니까?"하고 물어본다.
③ 학생들에게서 '귀걸이'라는 단어가 나오면, '이어링'이라는 영어 단어를 강조해서 설명한다.
④ 글자카드와 그림카드를 번갈아 보여주면서 따라 읽게 한다.

＊ 나중에 「り」가 등장할 때 다시 한 번 반복해야 하므로, 사용하기 쉽게 적당한 곳에 따로 둔다.

◀ 여학생이 커다란 이어링(귀걸이)을 하고 있네요.

う

지도 요령

① 글자 「う」를 보여주고 '우'라는 발음을 따라 하게 한다.
② 그림카드를 보여주면서 "지팡이를 짚고 걸어가는 할머니가 떨어지는 돌을 등에 맞고 '우' 하고 아파하는 소리를 내고 있다"고 설명한다.
③ 다시 한 번 「う」글자를 보여주고 큰소리로 따라 읽게 한다.
＊ 여기에서는 교사가 그림카드의 할머니와 같은 자세를 취하는 것이 도움이 된다.

◀할머니가 떨어지는 돌을 맞고 아파하는 소리 '우'

え

지도 요령

① 글자 「え」를 보여주고 '에'라는 발음을 따라 하게 한다.
② 그림카드에서 에스컬레이터가 그려져 있는 그림을 보여주고 "무엇이 연상됩니까?"하고 물어본다.
③ 학생들에게서 '에스컬레이터'라는 대답이 나올 수 있도록 "백화점에서 볼 수 있는데, 1층에서 2층으로 올라갈 때 엘리베이터 대신 이용하는 것이 뭐지요?"하고 힌트를 준다.
④ 다시 한 번 「え」글자를 보여주고 큰소리로 따라 읽게 한다.

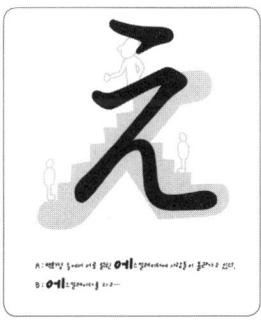

◀ 백화점의 에스컬레이터

お

지도 요령

① 글자 「お」를 보여주고 '오'라는 발음을 따라 하게 한다.

② 그림카드를 보여주고 "「お」가 들어간 그림을 보고 무엇이 연상됩니까?"하고 물어본다.

③ "사막의 오아시스에 야자나무가 있고 열매가 떨어져서 물이 튀어 올라서 점이 생겼다"라고 설명한다.

④ 다시 한 번 「お」글자를 보여주고 큰소리로 따라 읽게 한다.

* 나중에 「を」가 나올 때 비교하여 설명해야 하므로 찾기 쉬운 곳에 둔다. 글자와 발음이 헷갈리지 않도록 주의시킨다.

◀ 사막의 오아시스

か

지도 요령

① 글자 「か」를 보여주고 '카'라는 발음을 따라 하게 한다.

② 그림카드를 보여주고 "한 남자가 등장했습니다. 시원한 맥주를 한잔하고 나서 한마디 합니다. 여러분 같으면 한잔하고 나서 무슨 소리를 낼 것 같습니까?"하고 물어본다.

③ 학생들이 '카~' 또는 '캬~' 등의 대답을 하는 경우가 있다. 이때 '카'하고 소리를 낸다고 통일시켜야 한다.

* 컵을 이용해 마시는 흉내를 내고 나서 '카~'하고 직접 소리를 내어본다.

◀ 시원하게 한잔하고 나서 '카~'

き

지도 요령

① 글자 「き」를 보여주고 '키'라는 발음을 따라 하게 한다.

② 그림카드를 보여주고 "무엇이 연상됩니까?"하고 물어본다.

③ '키'라는 대답을 유도한다. 이때 '열쇠'라고 대답하는 학생이 있으면 '열쇠'가 아니라 '키'라고 강조해서 설명한다.

④ 다시 한 번 「き」 글자를 보여주고 큰소리로 따라 읽게 한다.

＊ 나중에 「さ」와 비교하여 설명해야 하므로 찾기 쉬운 곳에 둔다.

◀ 키(열쇠) 모양의 글자

く

지도 요령

① 글자 「く」를 보여주고 '쿠'라는 발음을 따라 하게 한다.

② 그림카드를 보여주고 쿠키의 상태가 어떤지를 물어본다.

③ 교사는 "누군가 먹다가 반쯤 남은 쿠키"라고 정리한다.

④ 다시 한 번 「く」 글자를 보여주고 큰소리로 따라 읽게 한다.

＊ '과자'가 아니라 '쿠키'라는 것을 강조한다.

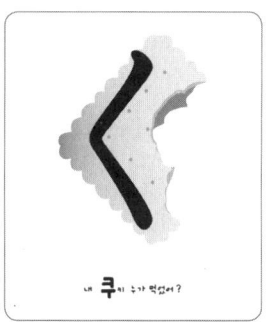

◀ 내 쿠키 누가 먹었어?

け

지도 요령

① 글자 「け」를 보여주고 '케'라는 발음을 따라 하게 한다.

② 그림카드를 보여주고 "무슨 그림인 것 같습니까?"하고 물어본다.

③ '케첩병' 그림이라고 말해준다.

④ 다시 한 번 「け」 글자를 보여주고 큰소리로 따라 읽게 한다.

* 멀리 있는 학생에게는 병 모양은 보이겠지만 '케첩병'으로 보이지 않을 수도 있으므로 '케첩병'이라고 말해준다.

* 나중에 「は」와 비교하여 설명해야 하므로 찾기 쉬운 곳에 둔다.

◀ 케첩병

こ

지도 요령

① 글자 「こ」를 보여주고 '코'라는 발음을 따라 하게 한다.

② 그림카드를 보여주고 "그림의 동물이 무엇입니까?"하고 물어본다.

③ 학생들이 '코끼리'라는 대답을 하면 코끼리의 어느 부분이 「こ」와 닮았는지 물어본다.

④ '코'라는 대답을 유도한다.

⑤ 다시 한 번 「こ」 글자를 보여주고 큰소리로 따라 읽게 한다.

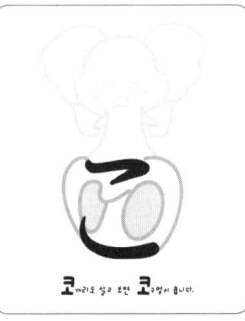

◀ 코끼리의 코

さ

지도 요령

① 글자 「さ」를 보여주고 '사'라는 발음을 따라 하게 한다.

② 그림카드를 보여주고 "이 그림은 무슨 과일입니까?"하고 물어본다.

③ 사과 꼭지의 잎사귀 부분을 설명하고 나서 사과 모양을 따라 손가락으로 그리면서 '사' 발음을 따라하게 한다.

④ 글자카드를 보여주며 다시 한 번 「さ」글자를 큰소리로 따라 읽게 한다.

* 앞서 외운 「き」글자카드를 들어 보이며 무슨 글자인지 확인 테스트를 하고, 「さ」와 헷갈리지 않도록 주의시킨다. 그리고 나중에 나오는 「ち」와도 비교하여 설명해야 하므로 따로 잘 챙겨둔다.

◀ 사과가 맛있게 생겼군요!

し

지도 요령

① 글자 「し」를 보여주고 '시'라는 발음을 따라 하게 한다.

② 그림카드를 보여주고 "이 그림은 무슨 그림입니까?"하고 물어본다.

③ 12시를 가리키는 분침과 3시를 가리키는 시침을 손가락으로 그리면서 '시곗바늘' 모양임을 강조하면서 설명한다.

④ 다시 한 번 「し」글자를 보여주고 큰소리로 따라 읽게 한다.

◀ 시곗바늘

す

지도 요령

① 글자 「す」를 보여주고 '스'라는 발음을 따라 하게 한다.
② 그림카드를 보여주고 "이 그림은 어떤 장면입니까?"하고 물어본다.
③ "출발선에서 스키를 타고 내려오다가 점프를 해서 한 바퀴 턴하여 내려오는 장면"이라고 설명한다.
④ 다시 한 번 「す」글자를 보여주고 큰소리로 따라 읽게 한다.

◀ 스키를 타고 내려오다가 점프해서 멋지게 한 바퀴 턴!

せ

지도 요령

① 글자 「せ」를 보여주고 '세'라는 발음을 따라 하게 한다.
② 지구의를 배경으로 한 한자(漢字)가 무슨 글자와 비슷한지를 물어본다.
③ 한자를 모르는 학생이 있을 것을 대비해서 칠판에 한자 '世'를 써주고 뜻과 소리도 함께 알려준다.
④ 다시 한 번 「せ」글자를 보여주고 큰소리로 따라 읽게 한다.

◀ 한자(漢字)의 세(世)와 닮았습니다.

そ

지도 요령

① 글자「そ」를 보여주고 '소'라는 발음을 따라 하게 한다.

② 그림카드를 보여주고 "맛있는 핫도그에 뭐가 뿌려져 있습니까?"하고 물어본다.

③ '소스'가 뿌려져 있다고 말해준다.

④ 다시 한 번「そ」글자를 보여주고 큰소리로 따라 읽게 한다.

* 이때 '쏘쓰'라고 발음하지 않도록 주의한다.

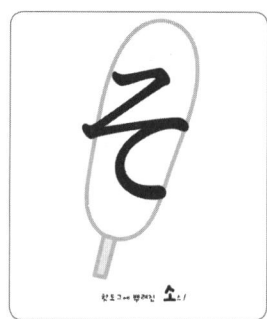

◀ 핫도그에 뿌려진 소스!

 ### た

지도 요령

① 글자「た」를 보여주고 '타'라는 발음을 따라 하게 한다.

② 그림카드를 보여주고 무슨 그림인지 학생들에게 설명해보도록 한다.

* 그림카드를 보고 바로 "타잔이 나무를 타는 모습"을 떠올리기는 쉽지 않다. 그러므로 교사는 타잔의 특징 중 하나인 '아~'하는 소리를 내며 "이 장면은 타잔이 줄을 잡고 나무를 타고 있는 모습입니다"라고 설명해준다.

③ 두 팔을 펴서 나무에 매달려 있는 줄을 잡고 나무를 향해 날아가는 모습을 흉내내면서 설명한다.

④ 다시 한 번「た」글자를 보여주고 큰소리로 따라 읽게 한다.

* 나중에「な」와 비교하면서 설명할 수 있도록 찾기 쉬운 곳에 둔다.

◀ 타잔이 줄을 타고 있군요!

ち

지도 요령

① 글자 「ち」를 보여주고 '치'라는 발음을 따라 하게 한다.

② 한 학생을 지명해서 무슨 그림인지를 설명해보도록 한다.

③ 대체로 '치마를 입은 여자'라는 대답을 할 것이므로 '치마를 입은 여자가 바람이 세게 불어서 난처해하고 있는 모습'이라고 정리를 해준다.

④ 다시 한 번 「ち」글자를 보여주고 큰소리로 따라 읽게 한다.

* 앞서 설명한 「さ」 글자카드를 제시하고 「ち」와 차이점을 말해보게 한 다음 왼쪽으로 돌리면 「さ」, 오른쪽으로 돌리면 「ち」라는 것을 주의시킨다.

◀ 치마 입은 여자가 바람이 세게 불어서 난처해하고 있다.

つ

지도 요령

① 글자 「つ」를 보여주고 '츠'라는 발음을 따라 하게 한다.

② 그림카드를 보여주고 "무슨 그림인 것 같습니까?"하고 물어본다.

③ "반쯤 베어먹은 도너츠의 '츠'"라고 설명한다.

* 다른 글자와 달리 「つ」는 도너츠의 '도'가 아니라 마지막 글자인 '츠'이기 때문에 특별히 강조해서 설명해야 한다.

④ 다시 한 번 「つ」글자를 보여주고 큰소리로 따라 읽게 한다.

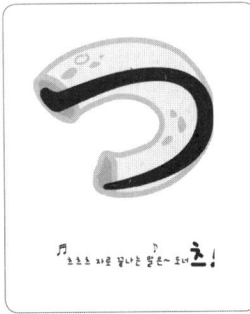

◀ 반쯤 베어먹은 도너츠!

て

지도 요령

① 글자 「て」를 보여주고 '테'라는 발음을 따라 하게 한다.

② 그림카드를 보여주고 "심플하고 멋진 디자인의 테이블이 있습니다. 테이블 모양의 글자 「て」입니다"라고 설명한다.

③ 다시 한 번 「て」 글자를 보여주고 큰소리로 따라 읽게 한다.

◀ 심플하고 멋진 디자인의 테이블!

と

지도 요령

① 글자 「と」를 보여주고 '토'라는 발음을 따라 하게 한다.

② 그림카드를 보여주고 "친구가 토하고 있는데 뒤에서 한 친구가 등을 두드리고 있네요. 어떻게 두드려주고 있나요?"하고 물어본다.

③ "토닥토닥 두드려주고 있다"고 정리해 준다.

④ 다시 한 번 「と」 글자를 보여주고 큰소리로 따라 읽게 한다.

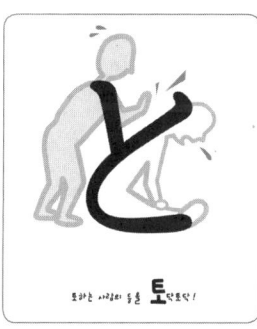

◀ 토하는 사람의 등을 토닥토닥!

な행

な

지도 요령

① 글자 「な」를 보여주고 '나'라는 발음을 따라 하게 한다.

② "어떤 장면입니까?"하고 물어본다.

* 앞서 배운 글자 「た」를 보여주며 무슨 글자인지를 확인하고 나서, 타잔이 나무를 타는 모습과 연관이 있다는 것을 알려준다.

③ "타잔이 나무에서 떨어져 나뒹굴었어요"라고 설명해준다. "어디에서 떨어졌다고요?"라고 질문한다.

④ "나무에서요"라는 대답을 유도한다.

⑤ 다시 한 번 「な」글자를 보여주고 큰소리로 따라 읽게 한다.

* 앞서 배운 「た」를 꺼내서 다시 한 번 복습시킨다.

◀ 나무에서 떨어져 나뒹굴고 있는 타잔

に

지도 요령

① 글자 「に」를 보여주고 '니'라는 발음을 따라 하게 한다.

② 그림카드를 보여주고, "예쁜 여학생(멋있는 남학생) 앞에 가서 '난 니가 좋아'라고 손가락으로 동작을 취하면서 익살스럽게 좋아한다는 표현을 하고 있다"고 설명한다.

③ 다시 한 번 「に」글자를 보여주고 큰소리로 따라 읽게 한다.

* 손가락으로 가리킬 때 재미있게 동작을 취하면서 설명한다.

◀ 난 니가 좋아!

ぬ

지도 요령

① 글자 「ぬ」를 보여주고 '누'라는 발음을 따라 하게 한다.

② 그림카드를 보여주고 "누렁이 황소의 얼굴이 보이죠?"하고 물어본다.

③ "누렁이의 얼굴과 「ぬ」가 많이 닮았죠? 두 개의 뿔이 있고, 눈이 두 개 있고, 참 많이 닮았군요!"라고 설명한다.

④ 다시 한 번 「ぬ」 글자를 보여주고 큰소리로 따라 읽게 한다.

＊ 나중에 「め」를 설명할 때 이야기가 연결되므로 찾기 쉬운 곳에 놓아 둔다.

◀ 누렁이 황소의 얼굴

ね

지도 요령

① 글자 「ね」를 보여주고 '네'라는 발음을 따라 하게 한다.

② 그림카드를 보여주고 "어떤 장면입니까?"하고 물어본다.

③ "골대에 공이 들어가서 네트가 출렁인다"고 설명한다.

＊ 네트보다는 "공이 골대에 들어갔다"라는 사실에 너무 신경쓰지 않도록 "공이 골대에 들어가 무엇이 출렁입니까?"하고 물어본다.

④ "네트가 출렁입니다"라는 대답을 유도한다.

⑤ 다시 한 번 「ね」 글자를 보여주고 큰소리로 따라 읽게 한다.

＊ 나중에 「れ」, 「わ」 글자를 설명할 때 다시 한 번 「ね」를 반복한다.

◀ 네트에 공이 들어가 있다.

の

지도 요령

① 글자 「の」를 보여주고 '노'라는 발음을 따라 하게 한다.
② 그림카드를 보여주며 "노트에 달려 있는 스프링 모양과 글자 「の」의 모양이 닮았네요"라고 설명한다.
③ 다시 한 번 「の」 글자를 보여주고 큰소리로 따라 읽게 한다.

◀ 노트에 달린 스프링

 は

지도 요령

① 글자 「は」를 보여주고 '하'라는 발음을 따라 하게 한다.
② 그림카드를 보여주고 글자의 하단 부분을 손으로 가리고 앞에서 배운 「け」를 연상하게 한다. 잘 연상되지 않을 경우 케첩병을 강조해서 말해준다. 이때 미리 준비해 둔 「け」를 다시 보여주면서 반복 학습한다.
③ "케첩병을 너무 세게 쥐어서 아랫부분이 터져 버렸네요. 하! 하! 하!"하고 크게 웃어 보이며, "케첩병 아래에 구멍이 나서 케첩이 새고 있네요. 여러분 우습지 않습니까?"하고 설명한다.
④ 다시 한 번 「は」 글자를 보여주고 큰소리로 따라 읽게 한다.

* 아랫부분의 둥근 모양을 구멍으로 연상시켜서 「け」와 비교, 구분될 수 있도록 강조할 것.

◀ 케첩병 아래 부분에 구멍이 나서 새어 나오네요~ 해! 해! 해!

ひ

지도 요령

① 글자 「ひ」를 보여주고 '히'라는 발음을 따라 하게 한다.

② "'히'라는 글자는 무엇과 닮았을까요?"라고 하면서 그림을 보여준다.

③ 히프 모양의 그림을 보여주면서 적당한 애드립을 사용하여 후반부로 가면서 학생들에게 긴장감과 지루함을 없앨 수 있도록 분위기를 전환시킨다.

④ 다시 한 번 「ひ」 글자를 보여주고 큰소리로 따라 읽게 한다.

* 속도를 천천히 하고 「は」행부터는 전반부에 비해서 반복을 자주 하되, 잘 외워지는 글자는 자주 반복할 필요는 없다.

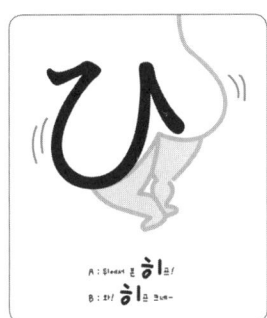

◀ 히프 모양의 '히'

ふ

지도 요령

① 글자 「ふ」를 보여주고 '후'라는 발음을 따라 하게 한다.

② 그림카드를 보여주면서 양손에 무거운 물건을 들고 다리를 후들후들 떨면서 "지금 내 다리가 어때요?"라고 하면서 '후들후들'이라는 말을 학생들 입에서 나오도록 유도한다. "무거운 물건을 들고 걸으려고 하니 다리가 후들후들 거리죠?"하고 그림을 보고 글자를 연상하도록 설명한다.

③ 다시 한 번 「ふ」 글자를 보여주고 큰소리로 따라 읽게 한다.

* 다리를 후들후들 떠는 제스처를 다소 과장되게 하여 쉽게 기억을 하도록 함과 동시에 즐겁게 수업을 진행하도록 한다.

◀ 무거운 물건을 들고 걸어가니 다리가 '후들후들'

へ

지도 요령

① 글자 「へ」를 보여주고 '헤'라는 발음을 따라 하게 한다.

② 그림카드를 보여주면서 무엇을 하는 모습인지 말해보도록 한다.

③ 만약 '수영하는 모습'이라고 대답하면 수영이 아니라 '수영하다'의 순수한 우리말인 '헤엄치다'라고 말하며 여기서는 반드시 '헤엄치다'로 기억하도록 강조한다.

④ 헤엄치는 모습을 팔 동작을 통해서 보여주도록 한다.

⑤ 다시 한 번 「へ」글자를 보여주고 큰소리로 따라 읽게 한다.

＊ 반드시 학생들을 보면서 왼쪽으로 방향을 잡고 오른손을 들어서 헤엄치는 모습을 보여줄 것.

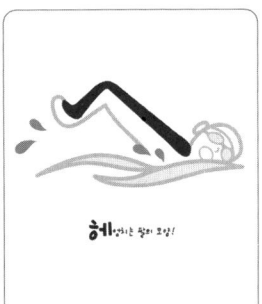

◀ 헤엄칠 때 팔의 모양 '헤'

ほ

지도 요령

① 글자 「ほ」를 보여주고 '호'라는 발음을 따라 하게 한다.

② 그림카드를 보여주고 "그림에 나온 빵이 무슨 빵일까요?"하고 물어본다.

③ "호빵"이라는 대답이 나올 수 있도록 겨울에 자주 먹는 맛있는 간식이라고 힌트를 준다.

④ "호빵"이라는 대답이 나오면 윗부분의 가로획을 떼어내면 무슨 글자인지 말해보도록 한다.

⑤ "하"라는 대답이 나오면 케첩병 아랫부분에 구멍이 나서 새어나오는 모양을 연상시키고 그곳에서 새어나온 케첩이 호빵 위에 떨어졌다고 설명한다.

⑥ 다시 한 번 「ほ」글자를 보여주고 큰소리로 따라 읽게 한다.

＊ 비교적 기억하기 어려운 글자이므로 자주 반복할 것.

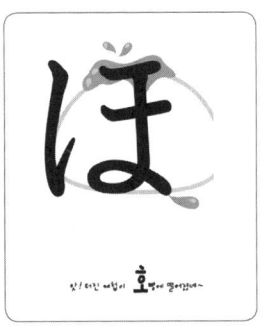

◀ 앗 터진 케첩이 호빵 위에 떨어졌네~.

ま행

ま

지도 요령

① 글자 「ま」를 보여주고 '마'라는 발음을 따라 하게 한다.

② 그림카드를 보여주고 "손에 쥐고 있는 것이 무엇입니까?"하고 물어본다.

③ 학생들이 "마우스"라는 대답을 하면 "마우스의 「ま」"라고 설명한다.

④ 다시 한 번 「ま」글자를 보여주고 큰소리로 따라 읽게 한다.

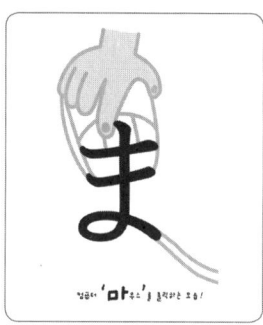

◀ 컴퓨터 마우스를 클릭하는 모습!

み

지도 요령

① 글자 「み」를 보여주고 '미'라는 발음을 따라 하게 한다.

② "놀이공원의 풀장에 가면 원통형의 대형 미끄럼틀을 본 적이 있죠? 그 미끄럼틀을 타고 한 아이가 양팔을 벌리고 신나게 내려오는 모습이 연상되지 않습니까?"하고 물어본다.

③ "미끄럼틀의 「み」입니다"라고 설명한다.

④ 다시 한 번 「み」글자를 보여주고 큰소리로 따라 읽게 한다.

* 비교적 기억하기 어려운 글자이므로 자주 반복할 것.

◀ 미끄럼틀에서 양팔을 벌리고 신나게 내려오고 있습니다.

む

지도 요령

① 글자 「む」를 보여주고 '무'라는 발음을 따라 하게 한다.

② 그림카드를 보여주고 "여러분이 바다에서 수영을 하고 있을 때 갑자기 물 속에서 바다뱀이 나타나면 어떨까요?"하고 물어본다.

③ 학생들의 대답 중에 "무섭다"라는 대답이 나오면 "무서운 바다뱀의 「む」"라고 설명한다.

④ 다시 한 번 「む」 글자를 보여주고 큰소리로 따라 읽게 한다.

◀ 무서운 바다뱀!

め

지도 요령

① 글자 「め」를 보여주고 '메'라는 발음을 따라 하게 한다.

② 그림카드 「め」를 보여주기 전에 「ぬ」의 글자카드와 그림카드를 보여준다.

③ 복습을 한 후 그림카드 「め」를 보여주고 "「ぬ」에서 나왔던 누런 황소가 또 등장하는데 차이점이 무엇입니까?"하고 물어본다.

④ 차이점은 "「ぬ」는 눈이 두 개이고, 「め」는 눈이 한 개이다"라고 설명해 주면서 「ぬ」와 「め」를 비교하도록 한다.

⑤ 눈이 두 개 있으면 누런 황소의 '누'이고, 눈이 한 개 있으면 "황소가 메~롱하는 모습"이라고 설명한다.

⑥ 다시 한 번 「め」 글자를 보여주고 큰소리로 따라 읽게 한다.

* 그림카드를 번갈아가면서 보여주고 헷갈리지 않도록 여러 번 강조한다.

◀ 누런 황소 누렁이가 '메~롱'하면서 한쪽 눈을 감고 있네요.

も

지도 요령

① 글자 「も」를 보여주고 '모'라는 발음을 따라 하게 한다.

② 그림카드를 보여주고 "그림 속의 사람은 머리에 무엇을 쓰고 있나요?"하고 물어본다.

③ "모자"라는 대답이 나오면 "모자의 「も」"라고 설명한다.

④ 다시 한 번 「も」글자를 보여주고 큰소리로 따라 읽게 한다.

◀ A : 모자 쓴 사람!

や

지도 요령

① 글자 「や」를 보여주고 '야'라는 발음을 따라 하게 한다.

② 그림카드를 보여주고 왼손잡이 야구 선수 이승엽을 예로 들어 설명한다.

③ 야구방망이와 야구공의 위치를 손으로 가리키며 설명하고 나서, 공을 치려고 배트를 휘두르는 모습을 동작으로 직접 보여주며 설명한다.

④ 다시 한 번 「や」글자를 보여주고 큰소리로 따라 읽게 한다.

* 동작을 취할 때 학생들을 등지고 좌타자의 자세로 배트를 천천히 휘두른다.

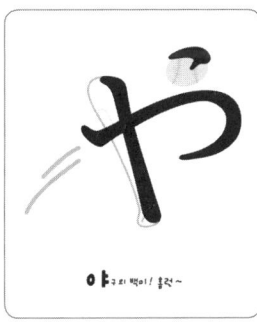

◀ 야구배트로 공을 치는 모습

ゆ

지도 요령

① 글자 「ゆ」를 보여주고 '유'라는 발음을 따라 하게 한다.

② 그림카드를 보여주고 유니폼을 입은 사람이 왼손에 글러브를 끼고 배를 감싸고 오른손은 내가 최고라고 하면서 엄지손가락을 편 채로 들어 보이면서 설명한다.

③ 다시 한 번 「ゆ」글자를 보여주고 큰소리로 따라 읽게 한다.

＊ 동작을 보여줄 때 반드시 오른손을 들어 보일 것. 기억하기 어려운 글자이므로 자주 반복한다.

◀ 유니폼을 입은 선수가 자신이 최고라고 하고 있다.

よ

지도 요령

① 글자 「よ」를 보여주고 '요'라는 발음을 따라 하게 한다.

② 그림카드를 보여주며 요가 동작을 「よ」자와 같이 취한다.

③ 다시 한 번 「よ」글자를 보여주고 큰소리로 따라 읽게 한다.

＊ 의자나 탁자에 앉아서 「よ」자 모양으로 직접 요가 자세를 보여준다.

◀ 요가의 자세

ら행　ら

지도 요령

① 글자 「ら」를 보여주고 '라'라는 발음을 따라 하게 한다.

② 그림카드를 보여주고 "라면을 젓가락으로 집어 올린 모양"이라고 설명한다.

③ 앞서 배운 「ち」를 다시 보여주고 「ら」와 헷갈리지 않도록 한다.

④ 다시 한 번 「ら」 글자를 보여주고 큰소리로 따라 읽게 한다.

＊ 기억하기 어려운 글자이므로 자주 반복한다.

◀ 라면을 젓가락으로 집어 올린 모양

り

지도 요령

① 글자 「り」를 보여주고 '리'라는 발음을 따라 하게 한다.

② 그림카드를 보여주고 "묶어 놓은 리본의 아래로 내려온 부분"이라고 설명한다.

③ 왼쪽보다 오른쪽이 길다는 것을 강조한다.

④ 앞에서 배웠던 「い」와 「り」를 같이 보여주고 차이점을 설명한다.

⑤ 다시 한 번 「り」 글자를 보여주고 큰소리로 따라 읽게 한다.

＊ 「い」는 오른쪽이 짧고 「り」는 오른쪽이 길며 좁다고 차이점을 설명하여 헷갈리지 않도록 한다.

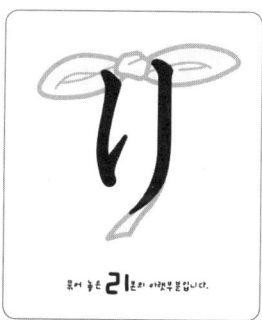

◀ 리본 아랫부분

る

지도 요령

① 글자 「る」를 보여주고 '루'라는 발음을 따라 하게 한다.

② 그림카드를 보여주고 아랫부분에 동그랗게 되어 있는 루비 모양에 초점을 맞춰서 설명한다.

③ 다시 한 번 「る」글자를 보여주고 큰소리로 따라 읽게 한다.

* 동그란 루비가 달린 브로치라고 설명을 할 때 손가락으로 동그란 부분을 특별히 강조한다. 다음에 이어지는 「ろ」와 구별하기 위해서이다.

◀ 루비가 달린 브로치

れ

지도 요령

① 글자 「れ」를 보여주고 '레'라는 발음을 따라 하게 한다.

② 그림카드를 보여주고 "100미터 달리기 선수가 출발선에서 스타팅 자세를 취하고 있는 그림이며, 출발할 때 '레디~ 스타트'라고 말한다"고 그림을 설명한다.

③ 다시 한 번 「れ」글자를 보여주고 큰소리로 따라 읽게 한다.

* 「れ」를 설명하고 나서 앞서 배웠던 「ね」를 들어 보이며 글자의 차이점을 학생들에게 말해보도록 유도한다. 이때 「れ」는 끝이 올라가고 「ね」는 네트 안에 공이 걸려 있다고 말하며 동그랗게 끝나는 부분을 손가락으로 가리키며 강조한다.

◀ 레디~ 스타트

ろ

지도 요령

① 글자 「ろ」를 보여주고 '로'라는 발음을 따라 하게 한다.
② 조금 전에 봤던 「る」를 보여주면서 차이점이 무엇인지 질문한다.
③ "아랫부분의 동그란 루비가 없어졌다"고 대답할 것이다. 이때 그림카드 쪽으로 돌려 로켓 그림을 보여준다.
④ "동그랗게 생긴 비싼 루비를 팔아서 로켓을 타고 달나라 여행을 갔다"고 설명한다.
⑤ 다시 한 번 「ろ」글자를 보여주고 큰소리로 따라 읽게 한다.

* '로켓'과 「ろ」그림의 연관성이 떨어지기 때문에 자주 반복할 것.

◀ 로켓을 타고 달나라 여행을 간다.

わ행 わ

지도 요령

① 글자 「わ」를 보여주고 '와'라는 발음을 따라 하게 한다.
② 그림카드를 보여주고 "100미터 달리기에서 결승선 테이프를 몸에 감으며 1등으로 들어오는 선수에게 관중들이 '와'하고 환호성을 지르고 있다"고 설명한다.
③ 앞서 했던 글자 「れ」와 동시에 들어 보이고 차이점을 학생들에게 대답하게 한다.
④ 그리고 「ね」도 보여 주면서 세 글자의 모양을 잘 비교하도록 한다.
⑤ 다시 한 번 「わ」글자를 보여주고 큰소리로 따라 읽게 한다.

* 세 글자의 각각의 특징을 잘 짚어서 말한다. 「ね」는 동그란 축구공이 네트 안에 걸려 있고, 「れ」는 '레디~ 스타트'하는 자세를 보여주면서 끝이 올라간다는 것을 강조하고, 「わ」는 결승선 테이프를 몸에 감는 것으로 끝을 동그랗게 말아 주지도 않고 위로 올리지도 않는다고 강조한다.

◀ '와'하는 환호성을 들으며 결승선 테이프를 몸에 감고 들어온다.

を

지도 요령

① 글자 「を」를 보여주고 '오'라는 발음을 따라 하게 한다.

② 그림카드를 보여주기 전에 앞에서 배웠던 「お」를 들어 보이며 무슨 글자인지 대답하게 한다. 그리고 일본어에는 '오'라는 발음의 글자가 두 개 있다고 말해준다.

③ "두 개의 글자는 소리는 같지만 모양이 다르다"고 말한다.

④ 그림카드를 보여주며 "「を」는 번지점프를 처음 하는 사람이 번지점프대에서 뒤로 뛰어내리려고 한다. 그런데 아래를 내려다보니 너무 무서워서 그만 '오~ 마이 갓'이라고 자기도 모르게 소리를 질렀다"고 설명한다.

⑤ 다시 한 번 「を」 글자를 보여주고 큰소리로 따라 읽게 한다.

＊ 사람 몸이 숫자 '5'와 닮았고, 아랫부분은 점프대의 모양이라고 설명한다.

◀ 번지점프대에서 아래를 내려다보니 무서워서 오~ 마이 갓!

 ん

지도 요령

① 글자 「ん」을 보여주고 '응'이라는 발음을 따라 하게 한다.

② 그림카드에 나타난 것은 화장지인데, 언제 이것을 사용하는지 물어본다.

③ 대변에 해당하는 여러 표현이 나오면 '응가'라는 말로 통일을 시킨다.

④ 다시 한 번 「ん」글자를 보여주고 큰소리로 따라 읽게 한다.

＊ 「ん」이라는 글자는 마지막 글자라는 것을 강조하여 설명한다.

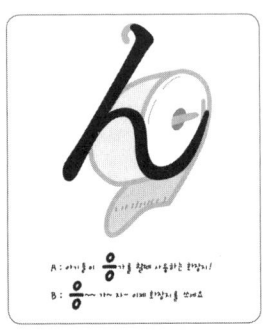

◀ 응가하고 나서 사용하는 화장지

02 가타카나 교사용 지도 매뉴얼(한국어판)

 ア

지도 요령

① 글자 「ア」를 보여주고 '아'라는 발음을 따라 하게 한다.

② 그림카드를 보여주기 전에 '아'로 시작하는 외래어를 물어본다.

③ 학생들에게서 '아이스크림'이라는 단어가 나오면 그림카드를 보여주며 「ア」의 글자를 설명한다.

④ 글자카드와 그림카드를 번갈아 보여 주면서 따라 읽게 한다.

* 뒤에 나올 「マ」와 비교하면서 설명할 수 있도록 찾기 쉬운 곳에 둔다. 두 글자의 차이점은 다음과 같다. 마라톤을 끝내고 아이스크림을 먹는 것은 「ア」이고, 마라톤을 하면서 물을 손에 쥐고 뛰는 모습(팔)이 「マ」이다.

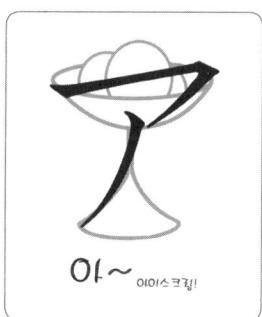

◀ 아! 아이스크림

イ

지도 요령

① 글자 「イ」를 보여주고 '이'라는 발음을 따라 하게 한다.

② 그림카드를 보여주며 "이것은 무엇입니까?"라고 물어본다.

③ 학생들이 "스키 점프대입니다"라고 대답을 하면 교사는 "국가대표선수가 점프대를 내려갈 때 '이겨라'하고 응원하죠. 그때의 '이'"라고 설명한다.

④ 다시 한 번 「イ」글자를 보여주며 따라 읽게 한다.

◀ 이겨라, 국가대표!

ウ

지도 요령

① 글자 「ウ」를 보여주고 '우'라는 발음을 따라 하게 한다.

② 그림카드를 보여주며 "기분이 좋아서 크게 웃을 때는 어떻게 웃지요?"하고 물어본다.

③ 학생들의 대답을 기다린 후, 입을 크게 벌리고 '우하하하'하고 웃는 모습의 '우'라고 설명한다.

④ 다시 한 번 「ウ」글자를 보여주며 따라 읽게 한다.

* 나중에 「フ」 및 「ワ」와 비교하면서 설명할 수 있도록 찾기 쉬운 곳에 둔다. 연결 내용은 「フ」 후보자의 한마디 → 「ワ」 당선되어 와인으로 건배 → 「ウ」 기분 좋다 우하하하! 이다.

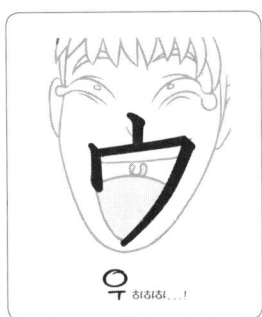

◀ 우하하하~!

エ

지도 요령

① 글자 「エ」를 보여주고 '에'라는 발음을 따라 하게 한다.

② 그림카드를 보여주기 전에 "'에'로 연상되는 것은 무엇입니까?"하고 물어본다.

③ 학생들의 의견을 들어본 후, "이 글자가 많이 들어가 있는 집에 사는 사람은 누구일까요? 추운 지방에 사는 사람이에요"라고 힌트를 준다.

④ 학생들의 대답을 기다린 후, 그림카드를 보여주며 에스키모 집의 '에'라고 설명한다.

⑤ 다시 한 번 「エ」글자를 보여주며 따라 읽게 한다.

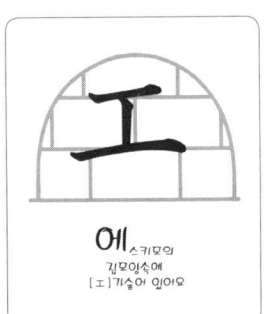

◀ 에스키모의 집 모양 속에 'エ(에)'가 숨어 있어요!

オ

지도 요령

① 글자「オ」를 보여주고 '오'라는 발음을 따라 하게 한다.

② 그림카드를 보여주며「オ」의 글자가 되도록 교사도 같은 포즈를 취해 몸으로 표현한다.

③ 스케이트 선수의 우아한 포즈에 '오~ 원더풀!'하며 감탄할 때의 '오'라고 설명한다.

④ 다시 한 번「オ」글자를 보여주며 교사는 포즈를 취해 암기할 수 있도록 유도한다.

◀ 오~ 원더풀!

カ행 — カ

지도 요령

① 글자「カ」를 보여주고 '카'라는 발음을 따라 하게 한다.

② 그림카드를 보여주기 전에 히라가나「か」의 글자모양과 스토리를 기억하고 있는지 물어 본다.

③ 그림카드를 보여주며 히라가나의「か」와 가타카나의「カ」의 차이점을 확인한 후 가타카나 에서는 더운 날 땀을 닦으면서 시원한 맥주를 마셨기 때문에 히라가나의 점이 지워져 버 렸다는 것을 설명하며 차이점을 강조한다.

④ 다시 한 번「カ」글자를 보여주며 따라 읽게 한다.

* 히라가나 카드「か」를 미리 준비한다.

◀ 더운 날 땀을 닦으면서 맥주 한잔 마시고 카~!

キ

지도 요령

① 글자 「キ」를 보여주고 '키'라는 발음을 따라 하게 한다.

② 그림카드를 보여주기 전에 히라가나 「き」의 글자모양과 스토리를 기억하고 있는지 물어본다.

③ 그림카드를 보여주며 히라가나의 「き」와 가타카나의 「キ」의 차이점을 확인한 후 가타카나에서는 할아버지가 키를 너무 오랫동안 사용하여 키가 부러져 버렸다는 것을 설명하며 차이점을 강조한다.

④ 다시 한 번 「キ」 글자를 보여주며 따라 읽게 한다.

＊ 히라가나 「き」 카드를 미리 준비한다.

◀ 할아버지의 키가 부러졌어요.

ク

지도 요령

① 글자 「ク」를 보여주고 '쿠'라는 발음을 따라 하게 한다.

② 그림카드를 보여주며 "쿠폰 모양이 찢어졌다"고 설명한다.

③ 학생들에게서 찢어진 쿠폰 모양이 가타카나의 「ク」와 닮았다는 것을 강조한다.

④ 다시 한 번 「ク」 글자를 보여주며 따라 읽게 한다.

＊ 「ク」가 숫자 '7'과 비슷한 모양이므로, 관련시켜 설명할 수 있다.

＊ 나중에 「タ」와 비교하면서 설명할 수 있도록 찾기 쉬운 곳에 둔다. 연결되는 이야기는 '쿠폰을 모아서 받은 타월'이다.

◀ 내 쿠폰, 누가 찢었어?! (7장 모으면 타월 받을 수 있는데…….)

ケ

지도 요령

① 글자 「ケ」를 보여주고 '케'라는 발음을 따라 하게 한다.

② 학생들에게 글자 「ケ」가 무엇과 닮았는지 물어본다.

③ 그림카드를 보여주며 케로로가 번개를 맞아서 케이오 당한 모습이라고 설명한다.

④ 다시 한 번 「ケ」글자를 보여주며 따라 읽게 한다.

◀ 번개 맞아서 케이오!

コ

지도 요령

① 글자 「コ」를 보여주고 '코'라는 발음을 따라 하게 한다.

② 그림카드를 보여주며 "그림의 동물이 무엇입니까?"하고 물어본다.

③ 학생들이 "코알라"라고 대답하면 코알라가 나무에 매달려 있는 모습의 「コ」라고 강조한다.

④ 다시 한 번 「コ」글자를 보여주며 따라 읽게 한다.

* 나중에 「ュ」,「ク」와 비교하면서 설명할 수 있도록 찾기 쉬운 곳에 둔다.

◀ 코알라가 나무에 매달려 있어!!

 サ

지도 요령

① 글자 「サ」를 보여주고 '사'라는 발음을 따라 하게 한다.
② 그림카드를 보여주기 전에 글자 「サ」가 무엇과 닮았는지 물어본다.
③ 학생들의 대답을 듣고 난 후 그림을 보여주며 "글자 「サ」가 생선뼈랑 닮았죠? 그런데 사라진 살들은 어디로 갔을까요?"라며 호응을 유도한다.
④ 사라진 살들이 싱싱한 회로 변했는데, 회는 일본말로 사시미라는 것을 연관 지어 설명한다.
⑤ 다시 한 번 「サ」 글자를 보여주며 따라 읽게 한다.

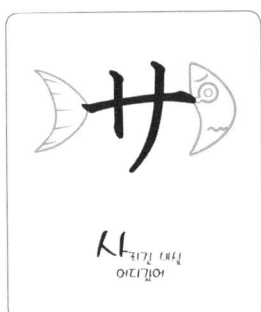

◀ 사라진 내 살 어디 갔어?!

シ

지도 요령

① 글자 「シ」를 보여주고 '시'라는 발음을 따라 하게 한다.
② 그림카드를 보여주며 "이 시계의 바늘은 몇 시를 가리키고 있어요?"라고 물어본다.
③ 학생들의 대답(8시 10분)을 유도한 후 "해가 중천에 떴잖아"하며 시곗바늘에 주목시킨다.
④ "시간이 늦었어. 응가도 하고 학교에 가야지"하며 뒤이어 나올 「ン」과의 관계도 언급해 놓는다.
⑤ 다시 한 번 「シ」 글자를 보여주며 따라 읽게 한다.
∗ 나중에 「ン」과 비교하면서 설명할 수 있도록 찾기 쉬운 곳에 둔다.

◀ 시계를 봐! 해가 중천에 떴잖아~.

ス

지도 요령

① 글자 「ス」를 보여주고 '스'라는 발음을 따라 하게 한다.

② 그림카드를 보여주기 전에 「ス」의 글자가 되도록 교사가 스윙하는 포즈를 취해 몸으로 표현한다.

③ 그림카드를 보여주며 학생들에게 "스윙할 때의 「ス」라는 모습"이라고 설명한다.

④ 다시 한 번 「ス」글자를 보여주며 따라 읽게 한다.

＊ 나중에「ヌ」와 비교하면서 설명할 수 있도록 찾기 쉬운 곳에 둔다. 연결되는 스토리는 다음과 같다.
"스윙해서 홈런! 누가 창문 깼어?"

◀ 스윙~ 홈런!

セ

지도 요령

① 글자 「セ」를 보여주고 '세'라는 발음을 따라 하게 한다.

② 학생들에게 글자를 보여주며 "어떤 것이 연상됩니까?"라고 물어본다.

③ 학생들에게 생각할 여유를 준 후, 그림카드를 보여주면서 '세면대의 옆모습'이라고 설명한다.

④ 다시 한 번 「セ」글자를 보여주며 따라 읽게 한다.

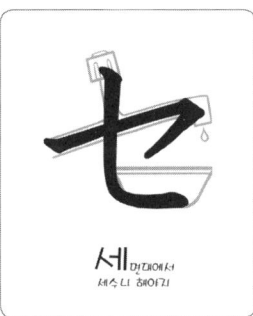

◀ 세면대에서 세수나 해야지!

ソ

지도 요령

① 글자 「ソ」를 보여주고 '소'라는 발음을 따라 하게 한다.

② 그림카드를 보여주며 "지금 어떤 장면입니까?"라고 물어본다.

③ 학생들의 대답을 기다린 후 "엄마가 화나서 소리치는 모습"이라고 설명하며 미간을 찌푸려 글자의 이미지를 강조한다.

④ 다시 한 번 「ソ」글자를 보여주며 따라 읽게 한다.

＊ 나중에「ツ」와「ノ」,「メ」와 비교하면서 설명할 수 있도록 찾기 쉬운 곳에 둔다. 스토리 연결은 다음과 같다. 「ツ」는 스포츠 선수로 성공하려면 체력훈련은 기본! →「ノ」는 노란 바나나는 운동할 때 좋아요! →「ソ」는 "아니야! 공부도 잘해야 해!"하고 소리치는 엄마 →「メ」는 성공하려면 메모하는 습관도 중요하죠!

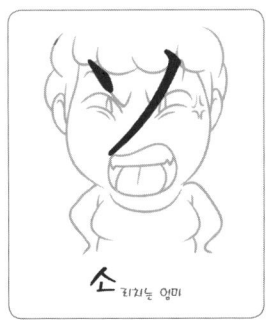

◀ 소리치는 엄마

タ

지도 요령

① 글자 「タ」를 보여주고 '타'라는 발음을 따라 하게 한다.

② 그림카드를 보여주며 "무엇이 빨랫줄에 널려 있습니까?"라고 물어본다.

③ 타월이 빨랫줄에 널려 바람에 흔들리고 있는 모습의 「タ」라고 설명한다.

④ 다시 한 번 「タ」글자를 보여주며 따라 읽게 한다.

＊ 이때 미리 준비해 둔「ク」글자를 들어 보이며, 이 쿠폰을 모아서 받은 타월이라고 설명한다.

◀ 타월이 바람에 날아갈 것 같네!

チ

지도 요령

① 글자「チ」를 보여주고 '치'라는 발음을 따라 하게 한다.
② 그림카드를 보여주며 이제 곧 치킨구이가 될 닭이 몸부림치며 치킨이 되기 싫어한다고 설명하면서, 치킨의 '치'라고 강조한다.
③ 다시 한 번「チ」글자를 보여주며 따라 읽게 한다.

＊ 나중에「テ」를 설명할 때 연결되므로 찾기 쉬운 곳에 놓아 둔다.

◀ 나는 치킨이 되기 싫어요!

ツ

지도 요령

① 글자「ツ」를 보여주고 '츠'라는 발음을 따라 하게 한다.
② 그림카드를 보여주며 스포츠맨이라면 체력훈련은 기본이란 것을 설명하며, 그림카드처럼 아령을 들어올리는 모습을 보여준다.
③ 팔 부분과 아령의 양 끝을 글자「ツ」로 형상화시키며 설명한다.
④ 다시 한 번「ツ」글자를 보여주며 따라 읽게 한다.

＊ 나중에「ツ」,「ノ」,「ソ」,「メ」를 설명할 때 연결되므로, 찾기 쉬운 곳에 놓아 둔다. 스토리 연결은 다음과 같다.「ツ」는 스포츠 선수로 성공하려면 체력훈련은 기본! →「ノ」는 노란 바나나는 운동할 때 좋아요! →「ソ」는 "아니야! 공부도 잘해야 해."하고 소리치는 엄마 →「メ」는 성공하려면 메모하는 습관도 중요하죠!

◀ 스포츠맨이라면 체력훈련은 기본!

テ

지도 요령

① 글자 「テ」를 보여주고 '테'라는 발음을 따라 하게 한다.

② 그림카드를 보여주며 테이블의 모양을 글자 「テ」로 형상화하여 설명한다.

③ 빈 테이블이라는 점을 강조한다.

④ 다시 한 번 「テ」글자를 보여주며 따라 읽게 한다.

＊「チ」와 「テ」의 차이점을 설명한다.

◀ 테이블만 있는 거야?!

ト

지도 요령

① 글자 「ト」를 보여주고 '토'라는 발음을 따라 하게 한다.

② 그림카드를 보여주며 손을 머리 위로 해서 토끼 귀가 접힌 모양을 「ト」로 형상화해 설명하며 토끼의 '토'라고 강조한다.

③ 동물원의 토끼가 사람들에게 인기를 얻기 위해 귀여운 척을 한다고 덧붙여 설명한다.

④ 다시 한 번 「ト」글자를 보여주며 따라 읽게 한다.

◀ 토끼 귀가 접혔네!

지도 요령

① 글자 「ナ」를 보여주고 '나'라는 발음을 따라 하게 한다.
② 그림카드를 보여주며 "나비야~ 나비야~ 이리 날아 오너라!"라는 동요의 한 소절을 부르며 나비의 '나'라는 점을 인식시킨다.
③ 다시 한 번 「ナ」글자를 보여주며 따라 읽게 한다.

◀ 나비야~ 나비야~ 이리 날아 오너라!

지도 요령

① 글자 「ニ」를 보여주고 '니'라는 발음을 따라 하게 한다.
② 그림카드를 보여주기 전에 히라가나 「に」의 글자 모양과 스토리를 기억하고 있는지 물어본다.
③ 그림카드를 보여주며, 히라가나의 「に」에서 "난 니가 좋아!"의 응답으로 가타카나에서는 "난 니가 싫어!"라고 설명한다. 더 구체적인 내용으로 남자친구가 여자친구에게 "난 니가 좋아!"라고 고백했으나 여자친구는 "난 니가 싫어!"라고 반응했다는 상황을 설명해준다.
④ 이때 양손으로 그림카드의 손처럼 상대방을 가르치는 제스처를 보여준다.
⑤ 다시 한 번 「ニ」글자를 보여주며 따라 읽게 한다.

* 히라가나 「に」 카드를 미리 준비한다.
* 나중에 「モ」를 설명할 때 연결되므로, 찾기 쉬운 곳에 따로 둔다. 연결되는 이야기는 "난 니가 싫어, 모기는 정말 싫어"이다.

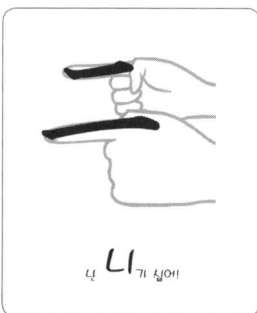

◀ 난 니가 싫어!

ヌ

지도 요령

① 글자 「ヌ」를 보여주고 '누'라는 발음을 따라 하게 한다.

② 그림카드를 보여주며 깨어진 창문에 테이프를 붙인 상황이라고 설명한다.

③ 붙여진 테이프를 가리키며 "누가 창문을 깼느냐?"의 '누'라고 설명한다.

④ 다시 한 번 「ヌ」글자를 따라 읽게 한다.

* 「ス」와 함께 설명한다. "스윙해서 홈런! 누가 창문을 깼어?!"

◀ 누가 창문을 깼어?!

ネ

지도 요령

① 글자 「ネ」를 보여주고 '네'라는 발음을 따라 하게 한다.

② 그림카드를 보여주며 인터넷이나 통신망처럼 하나의 네크워크로 연결된 지구촌이라고 설명한다.

③ 다시 한 번 「ネ」글자를 보여주고, 네트워크의 '네'라고 설명하며 따라 읽게 한다.

* 스윙의 「ス」와 함께 설명한다. "스윙~! 스포츠로 연결된 지구촌 네트워크!"

◀ 네트워크로 연결된 지구촌

ノ

지도 요령

① 글자「ノ」를 보여주고 '노'라는 발음을 따라 하게 한다.

② 그림카드를 보여주기 전에 "원숭이가 좋아하는 것은?"하면 "바나나", "바나나의 색깔은?", "노란색!"의 답을 유도한다.

③ 그림카드를 보여주며 노란 바나나 모양의「ノ」라고 강조한다.

④ 다시 한 번「ノ」글자를 따라 읽게 한다.

* 나중에「ツ」,「ノ」,「ソ」,「メ」를 설명할 때 연결되므로, 찾기 쉬운 곳에 놓아 둔다. 스토리 연결은 다음과 같다.「ツ」는 스포츠 선수로 성공하려면 체력훈련은 기본! →「ノ」는 노란 바나나는 운동할 때 좋아요! →「ソ」는 "아니야! 공부도 잘해야 해!"하고 소리치는 엄마 →「メ」는 성공하려면 메모하는 습관도 중요하죠!

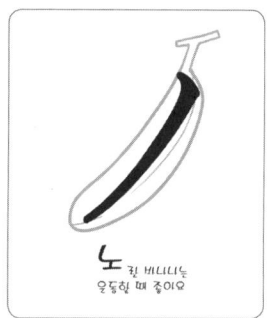

◀ 노란 바나나는 운동할 때 좋아요!

ハ 행

지도 요령

① 글자「ハ」를 보여주고 '하'라는 발음을 따라 하게 한다.

② 그림카드를 보여주기 전에 "「ハ」로 연상되는 것은?"하고 물어본다.

③ 그림카드를 보여주며 하회탈의 주름부분을 강조하여 설명한다. 예를 들어, 하회탈이 너무 웃어서 8자 주름이 생겼다 등 한자 八(8)과 연관시켜 설명하는 것도 하나의 방법이다.

④ 다시 한 번「ハ」글자를 따라 읽게 한다.

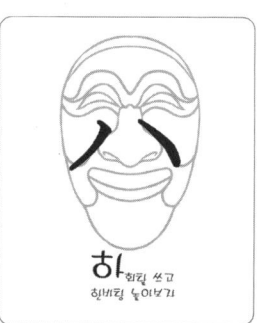

◀ 하회탈 쓰고 한바탕 놀아보자.

ヒ

지도 요령

① 글자 「ヒ」를 보여주고 '히'라는 발음을 따라 하게 한다.

② 그림카드를 보여주기 전에 "「ヒ」로 연상되는 것은?"하고 물어본다.

③ 그림카드를 보여주며 히프가 커서 의자가 작다는 점을 익살스럽게 설명한다.

④ 그림카드의 히프 부분을 가리키며 다시 한 번 「ヒ」글자를 따라 읽게 한다.

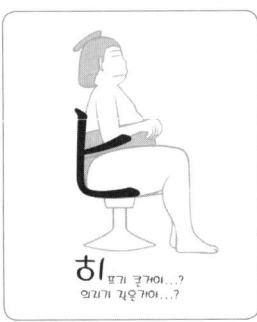

◀ 히프가 큰 거야? 의자가 작은 거야?

フ

지도 요령

① 글자 「フ」를 보여주고 '후'라는 발음을 따라 하게 한다.

② 그림카드를 보여주며 무슨 그림인지 학생들에게 물어본다.

③ 선거에 출마한 후보자가 마이크 앞에서 연설하고 있는 상황이라고 설명한 후, 후보자의 입 부분을 가리키며 후보자의 '후'를 강조한다.

④ 다시 한 번 「フ」글자를 따라 읽게 한다.

* 나중에 「フ」,「ワ」,「ウ」를 함께 설명하므로, 찾기 쉬운 곳에 따로 둔다. 연결 내용은 「フ」후보자의 한마디 → 「ワ」당선되어 와인으로 건배 → 「ウ」기분 좋다 우하하해! 이다.

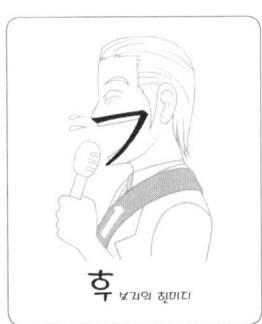

◀ 후보자의 한마디

ヘ

지도 요령

① 글자 「ヘ」를 보여주고 '헤'라는 발음을 따라 하게 한다.

② 그림카드를 보여주기 전에 히라가나 「へ」의 글자모양과 스토리를 기억하고 있는지 물어본다.

③ 그림카드를 보여주며 그림과 같이 학생들도 팔을 「ヘ」모양으로 만들어 보게 한다.

④ 다시 한 번 「ヘ」글자를 따라 읽게 한다.

＊ 히라가나의 「へ」카드를 미리 준비한다.

◀ 헤엄치는 모습이 멋지다.

ホ

지도 요령

① 글자 「ホ」를 보여주고 '호'라는 발음을 따라 하게 한다.

② 그림카드를 보여주기 전에 "'호'로 연상되는 것은?"하고 물어본다.

③ 그림카드를 보여주며 호랑이 가죽의 펼쳐진 모습을 글자 「ホ」와 연결시켜 설명한다.

④ 다시 한 번 「ホ」글자를 따라 읽게 한다.

◀ 호랑이 가죽! 어흥~!

 マ

지도 요령

① 글자 「マ」를 보여주고 '마'라는 발음을 따라 하게 한다.

② 그림카드를 보여주고, 직접 물병을 손에 쥐고 뛰는 마라톤 선수의 팔 모양을 강조한다.

③ 「マ」의 글자모양 중, 꼬리부분을 강조하기 위해 다시 한 번 더 물병 부분을 언급한다.

④ 마지막으로 「マ」글자를 보여주고, 다시 한 번 큰 소리로 따라 읽게 한다.

* 미리 물이 들어 있는 물병을 준비해 둔다.
* 「ア」카드를 미리 준비해 둔다.
* 앞서 설명한 「ア」글자카드를 제시하고, 「マ」와의 차이점을 설명한다. 두 글자의 그림카드를 보여주면서 마라톤을 끝내고 아이스크림을 먹는 것은 「ア」이고, 마라톤 하면서 물을 손에 쥐고 뛰는 모습(팔)은 「マ」 라는 것을 주의시킨다.

◀ 마라톤 선수에겐 물이 생명!

ミ

지도 요령

① 글자 「ミ」를 보여주고 '미'라는 발음을 따라 하게 한다.

② 그림카드를 보여주며, 무슨 그림인지를 물어본다.

③ 미꾸라지 삼형제가 먹이를 찾아 위쪽으로 올라가는 모습의 '미'라고 강조하여 설명한다.

④ 다시 한 번 「ミ」글자를 보여주고 큰소리로 따라 읽게 한다.

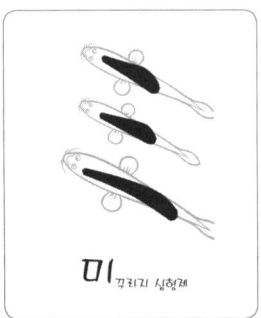

◀ 미꾸라지 삼형제

ム

지도 요령

① 글자 「ム」를 보여주고 '무'라는 발음을 따라 하게 한다.

② 그림카드를 보여주며 "어떤 장면일까요?"라고 물어본다.

③ "학생이 수업시간에 떠들어서 복도에서 무릎 꿇고 반성하는 무릎의 '무'"라고 설명한다.

④ 다시 한 번 「ム」 글자를 보여주며 따라 읽게 한다.

* 실제로 학생이 무릎을 꿇고 발바닥을 세워 「ム」라는 글자를 만들어 보게 한다.

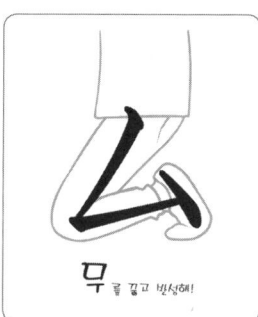

◀ 무릎 꿇고 반성해!

メ

지도 요령

① 글자 「メ」를 보여주고 '메'라는 발음을 따라 하게 한다.

② 그림카드를 보여주기 전에 '메'로 시작되는 말을 물어본다.

③ 그림카드를 보여주며 "메모지에 메모를 하고 있는 펜과 엄지손가락의 모양"이라고 설명한다.

④ 학생들에게 그림카드와 같은 동작을 하게 한 후, 다시 한 번 「メ」 글자를 보여주고 큰소리로 따라 읽게 한다.

* 미리 「ツ」·「ソ」·「ノ」의 카드를 준비한다.
* 앞서 설명한 「ツ」·「ソ」·「ノ」의 그림카드를 보여주면서, 각각의 스토리와 글자모양을 한 번 더 정리해 둔다. 스토리 연결은 다음과 같다. 「ツ」는 스포츠 선수로 성공하려면 체력훈련은 기본! → 「ノ」는 노란 바나나는 운동할 때 좋아요! → 「ソ」는 "아니야! 공부도 잘해야 해!"하고 소리치는 엄마 → 「メ」는 성공하려면 메모하는 습관도 중요하죠!

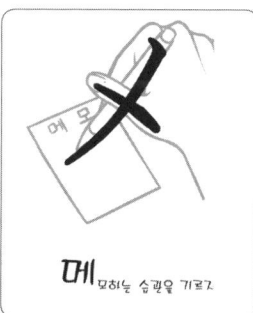

◀ 메모하는 습관을 기르자.

モ

지도 요령

① 글자「モ」를 보여주고 '모'라는 발음을 따라 하게 한다.

② "여름에 가장 싫어하는 곤충이 무엇입니까?"라고 물어본다.

③ 학생들에게서 '모기'라는 단어가 나오면, 그림카드를 보여주면서 '모기'의 모습과「モ」가 비슷한 형태임을 설명한다.

④ 다시 한 번「モ」글자를 보여주며 큰소리로 따라 읽게 한다.

*「ニ」카드를 미리 준비한다.

* 앞서 설명한「ニ」의 스토리를 물어보고 '니가 싫어'의 그 대상이 바로 '모기'라는 것을 정리하여, 두 글자의 모양의 차이점에 주의시킨다.

◀ 모기다! 약 뿌려!!

 ヤ행

지도 요령

① 글자「ヤ」를 보여주고 '야'라는 발음을 따라 하게 한다.

② 그림카드를 보여주기 전에 히라가나「や」의 글자모양과 스토리를 기억하고 있는지 물어본다.

③ 히라가나와 가타카나의 '야' 그림카드를 보여주면서 히라가나의「や」는 야구 선수가 스윙하는 모습이고, 홈런을 쳤기 때문에 가타카나의「ヤ」는 윗부분의 점(공)이 날아가서 보이지 않는 모양이라고 설명한다.

④ 다시 한 번「ヤ」글자를 보여주고 큰소리로 따라 읽게 한다.

* 히라가나의「や」카드를 미리 준비한다.

* 배트가 없으면 그와 비슷한 실물을 준비해 놓고, 실제로 스윙하는 모습을 보여주며 "어~~ 야구공이 어디로 갔지?"라고 대사를 한다.

◀ 야구공 어디로 갔지?

ユ

지도 요령

① 글자 「ユ」를 보여주고 '유'라는 발음을 따라 하게 한다.

② 앞에서 나온 「コ」에서 연상되는 것은 무엇인지 물어본다.

③ "코알라"라는 단어가 나오면, 이번에는 "코알라는 원래 꼬리가 있습니까? 있다면 어떤 모양입니까?"하고 물어본다.

④ 「ユ」 그림카드를 보여준 후, 이 "코알라"는 '꼬리로 사람들을 유혹하기 위해서 최대한 길게 뻗은 모양'이라고 차이점을 강조한다.

⑤ 다시 한 번 「ユ」 글자를 보여주고 큰소리로 따라 읽게 한다.

* 「ユ」카드를 미리 준비한다.
* "코알라 시리즈는 마지막으로 「ク」가 있습니다"라고 하여 학생들의 관심을 끈다.
* 한국어의 '그' 글자와 비슷하다고 언급한다.

◀ 꼬리로 유혹하는 코알라

ク

지도 요령

① 글자 「ク」를 보여주고 '요'라는 발음을 따라 하게 한다.

② "조금 전 코알라가 사람들에게 꼬리로 유혹해서 받은 게 무엇일까요?"하고 물어본다.

③ 학생들에게 그림카드 「ク」를 보여주면서 바로 '요구르트'를 받았다고 설명한다.

④ 요구르트의 '요'라고 강조한 후, 다시 한 번 「ク」 글자를 보여주고 큰소리로 따라 읽게 한다.

* 「コ」와 「ユ」 카드를 미리 준비한다.
* '코알라 시리즈'를 다음과 같이 정리해준다. 「コ」는 코알라가 나무에 붙어 있는 모양, 「ユ」는 그 코알라가 꼬리를 길게 뻗어서 사람들을 유혹하는 모양, 「ク」는 코알라가 사람들을 유혹해서 받은 요구르트.

◀ 코알라가 유혹해서 받은 요구르트

 ラ행   ラ

지도 요령

① 글자 「ラ」를 보여주고 '라'라는 발음을 따라 하게 한다.
② 학생들에게 "라면, 좋아해요?"라고 물어보고 "라면은 역시 나무젓가락으로 먹어야 먹기 쉽다"고 말한다.
③ 그림카드를 보여주고 나무젓가락으로 라면을 먹을 때의 모양 '라'라고 설명한다.
④ 다시 한 번 「ラ」글자를 보여주고 큰소리로 따라 읽게 한다.

＊ 뒤에 나오는 「ク」를 설명할 때 필요하므로 찾기 쉬운 곳에 둔다.

◀ 라면은 역시 나무 젓가락으로~~.

リ

지도 요령

① 글자 「リ」를 보여주고 '리'라는 발음을 따라 하게 한다.
② 그림카드를 보여주기 전에, 히라가나 「り」의 글자 모양과 스토리를 기억하고 있는지 물어본다.
③ 학생들의 대답을 들은 후, "히라가나의 「り」하고 닮았죠?"라고 하면서 「リ」의 그림카드를 보여준다.
④ 히라가나 「り」와 가타카나 「リ」를 같이 보여주고 차이점을 설명한다.
⑤ 다시 한 번 「リ」글자를 보여주고 큰소리로 따라 읽게 한다.

＊ 히라가나 「り」 카드를 미리 준비한다.
＊ 「り」는 곡선이고 왼쪽 획에 삐침이 있으나, 「リ」는 직선이고 왼쪽 획에 삐침이 없다는 차이점을 설명하여 헷갈리지 않도록 한다.

◀ 히라가나의 리본과 닮았죠?

ル

지도 요령

① 글자 「ル」를 보여주고 '루'라는 발음을 따라 하게 한다.

② 학생들에게 "여러분은 기쁘거나 기분이 좋을 때 어떻게 표현하지요?"라고 물어본다.

③ 대답을 들은 후, 그림카드를 보여주면서 달리기 시합에서 1등을 해서 좋아하는 사람의 모습, 특히 다리 모양이 「ル」라고 설명한다.

④ 다시 한 번 「ル」글자를 보여주고 큰소리로 따라 읽게 한다.

* 교사는 「ル」가 「レ」와 연관이 있다는 것을 언급해 둔다.

◀ 룰루랄라 1등 했다~. ^^

レ

지도 요령

① 글자 「レ」를 보여주고 '레'라는 발음을 따라 하게 한다.

② 그림카드를 보여주기 전에, 히라가나 「れ」의 글자모양과 스토리를 기억하고 있는지 물어본다.

③ 히라가나와 가타카나 '레'의 그림카드를 보여주면서, 히라가나 「れ」는 '출발 전(前) 단계의 몸 전체의 모습'인데 반해, 가타카나 「レ」는 '출발 준비 단계의 다리 부분의 모양'이라고 설명한다.

④ 그림카드를 보여주면서 달리기 준비 중인 다리 모양이 「レ」라고 설명한다.

⑤ 다시 한 번 「レ」글자를 보여주고 '레디~~'의 '레'라고 강조한다.

⑥ 마지막으로 「レ」글자를 보여주고 큰소리로 따라 읽게 한다.

* 히라가나 「れ」와 가타카나 「ル」 카드를 미리 준비한다.
* 달리기 시합에서 출발 준비 단계의 다리 모양이 「レ」이고, 이 시합에서 1등을 하여 기뻐하며 폴짝 뛰는 다리 모양이 「ル」라고 정리한다.

◀ 레디~~~!!

ㅁ

지도 요령

① 글자 「ㅁ」를 보여주고 '로'라는 발음을 따라 하게 한다.

② 그림카드를 보여주기 전에 '로'로 시작되는 단어는 어떤 것이 연상되는지 물어본다.

③ 그림카드를 보여주고 "점차 과학이 발달하여 이제는 로봇도 마음(하트)을 가지게 되는 시기가 되었다"고 설명하면서, 「ㅁ」는 로봇의 몸통 모양 '로'라고 강조한다.

④ 다시 한 번 「ㅁ」 글자를 보여주고 큰소리로 따라 읽게 한다.

◀ 로봇도 하트가 있어!!

ワ행

ワ

지도 요령

① 글자 「ワ」를 보여주고 '와'라는 발음을 따라 하게 한다.

② 그림카드를 보여주기 전에 '와'로 시작되는 단어는 어떤 것이 연상되는지 물어본다.

③ 그림카드를 보여주면서 「ワ」와 '와인잔' 모양이 비슷함을 강조한다.

④ '와인잔'을 들고 "자 여러분, 건배~~"라고 소리내면서 설명을 마친다.

⑤ 마지막으로 「ワ」글자를 보여주고 큰소리로 따라 읽게 한다.

* 교사는 미리 와인잔을 준비하여, 설명할 때 실물을 제시할 수 있도록 한다.

* 앞서 설명한 「フ」・「ウ」・「ワ」를 다음과 같이 정리해 준다. 연결 내용은 「フ」후보자의 한마디 → 「ワ」당선되어 와인으로 건배 → 「ウ」기분 좋다 우하하하! 이다.

◀ 와인으로 건배~~

ク

지도 요령

① 글자 「ク」를 보여주고 '오'라는 발음을 따라 하게 한다.

② 그림카드를 보여주면서 오리의 날개부분이 「ク」와 닮아 있음을 설명한다.

③ 「ク」라는 글자가 앞에서 배운 어떤 글자와 비슷한지 물어본다.

④ 학생들의 대답을 들은 후, '라'의 라면은 바로 '오리라면'이라고 설명해준다.

⑤ 「ラ」와 「ク」의 그림카드를 동시에 보여주면서, 라면의 「ラ」와 오리의 「ク」라는 글자를 큰소리로 따라 읽게 한다.

* 「ラ」그림카드를 미리 준비한다.

◀ 오리, 날개는 있지만…….

지도 요령

① 글자 「ン」을 보여주고 '응'이라는 발음을 따라 하게 한다.

② 그림카드를 보여주기 전에, 히라가나 「ん」의 글자모양과 스토리를 기억하고 있는지 물어본다.

③ 그림카드를 보여주면서 히라가나 「ん」과 가타카나 「ン」이 같은 '응가'의 스토리라고 설명한다. 앞서 설명한 「シ」와 「ン」을 같이 보여주고 그 차이점을 강조한다. "시계를 봐! 해가 중천에 떴잖아. 밥 먹고, 응가도 하고 학교 가야지"라는 엄마의 호통소리에 아이가 "엄마, 응가 다했어"라는 연결된 스토리라고 설명해준다.

④ 다시 한 번 「ン」글자를 보여주고 큰소리로 따라 읽게 한다.

＊「シ」카드를 미리 준비한다.

◀ 엄마, 응가 다했어!

03 ひらがな指導法のマニュアル (日本語版)

あ行

あ

指導要領

① 「あ」が書かれている方(文字面)を提示しながら、「あ」とコーラスさせる。

② 絵が描かれている方(イラスト面)を提示しながら、「これは何をしているところだと思いますか」と聞く。

③ 「歯医者で虫歯を抜くところです。『はい、あ〜ん』と言われて口を開けている絵です」と説明する。

④ もう一度、文字面を提示し、大きな声でコーラスさせる。

◀ 歯医者で虫歯を抜くところです。「はい、あ〜ん」

い

指導要領

① 文字面を提示しながら、「い」とコーラスさせる。

② イラスト面を提示し、「女性が耳にするものは何ですか」と聞く。

③ 学習者が「耳飾り(귀걸이)」と答えたら、教師は「イヤリング」と言い直す。

④ 文字面とイラスト面を交互に提示し、コーラスさせる。

＊ 後で「り」を提示するとき、「い」のカードをもう一度使うので、他のカードと紛れないようにしておく。

◀ 「女子学生がと〜っても大きなイヤリングをしてますね〜」

う

指導要領

① 文字面を提示しながら、「う」とコーラスさせる。

② イラスト面を提示しながら、「おばあさんが杖を突いて歩いていました。そのおばあさんの背中に雹(우박[ubak])が当たって、『うっ』」と説明する。

③ もう一度、文字面を提示し、大きな声でコーラスさせる。

＊ここで教師がイラストと同じ姿勢で説明するとより効果的である。

◀ おばあさんが雹に当たって出すうめき声、「うっ」

え

指導要領

① 文字面を提示しながら、「え」をコーラスさせる。

② イラスト面を提示しながら、「これは何ですか」と聞く。

③ 「エスカレーター」という答えが出てくるように「デパートにあるもので、1階から2階に行くとき乗るものです。エレベーターではありません」とヒントを与える。

④ もう一度、文字面を提示し、大きな声でコーラスさせる。

◀ デパートのエスカレーター

お

指導要領

① 文字面を提示しながら、「お」とコーラスさせる。

② イラスト面を提示しながら、どういう状況のイラストか説明させる。

③「砂漠のオアシスに椰子の木があります。その木から椰子の実が落ちて水が跳ねました。それが点になりました」と説明する。

④ もう一度、文字面を提示し、大きな声でコーラスさせる。

＊後で「を」が出てきたとき、「お」と比較するので、他のカードと紛れないようにしておく。イラストと発音が一致するように注意させる。

◀ 砂漠のオアシス

 ### か

指導要領

① 文字面を提示しながら、「か」とコーラスさせる。

② イラスト面を提示しながら、「一人の男の人がいます。その人が冷たいビールを飲んでいます。一杯一気に飲んだとき、何と言いますか」と聞く。

③ 学習者からは「か〜」「きゃ〜」といった答えが出ると思われるが、ここでは「か」であると意見を統一しておく。

④ もう一度、文字面を提示し、大きな声でコーラスさせる。

＊コップを持ってきて、飲んだ振りをし、「か〜」と実際に言ってみる（〈注〉韓国では、お酒を飲むときこのような声を出すことが多い）。

◀ ぐいっと一杯飲んで、「か〜」

き

指導要領

① 文字面を提示しながら、「き」とコーラスさせる。

② イラスト面を提示しながら、「これは何ですか」と聞く。

③ 「キー」と答えるように導く。「鍵」と答えた場合は、「鍵」ではなく、「キー」であると強調しておく。

④ もう一度、文字面を提示し、大きな声でコーラスさせる。

＊後で「さ」が出てきたとき、「き」と比較するので、他のカードと紛れないようにしておく。

◀「キー」の形の文字

く

指導要領

① 文字面を提示しながら、「く」とコーラスさせる。

② イラスト面を提示しながら、クッキーの状態がどうか聞く。

③ 教師は「誰かが食べて半分だけ残ったクッキー」であると意見を集約する。

④ もう一度、文字面を提示し、大きな声でコーラスさせる。

＊「お菓子」ではなく、「クッキー」であると強調する。

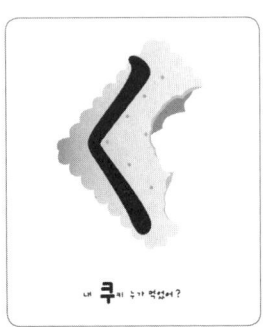

◀私のクッキー、誰が食べたの？

ひらがな

け

指導要領

① 文字面を提示しながら、「け」とコーラスさせる。

② イラスト面を提示しながら、「これは何でしょう」と聞く。

③ 「ケチャップ」であると教える。

④ もう一度、文字面を提示し、大きな声でコーラスさせる。

＊後ろの方にいる学習者にはケチャップとは見えないかもしれないので、ケチャップであることをはっきり伝える。

＊後で「は」が出てきたとき、「け」と比較するので、他のカードと紛れないようにしておく。

◀ ケチャップ

こ

指導要領

① 文字面を提示しながら、「こ」とコーラスさせる。

② イラスト面を提示しながら、「この動物は何ですか」と聞く。

③ 学習者が「象」と答えたら、「象」のどこが「こ」と似たような発音になるか聞く。

④ 「鼻(코[ko])」という答えが出るように導く。

⑤ もう一度、文字面を提示し、大きな声でコーラスさせる。

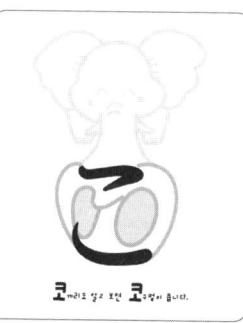

◀ 象の鼻

さ

指導要領

① 文字面を提示しながら、「さ」をコーラスさせる。

② イラスト面を提示しながら、「この果物は何ですか」と聞く。

③ 「りんご(사과[sagwa])」の茎と葉の部分を説明してから、「さ」になるラインを指でなぞり、「さ」とコーラスさせる。

④ もう一度、文字面を提示し、大きな声でコーラスさせる。

＊前で出てきた「き」のカードを見せ、何と読むかチェックし、「さ」と混同しないように注意を促す。後で「ち」が出てきたときも比較するので、他のカードと紛れないようにしておく。

◀ このりんご、おいしそう！

し

指導要領

① 文字面を提示しながら、「し」をコーラスさせる。

② イラスト面を提示しながら、どういう状況のイラストか説明させる。

③ 12時を指す長針と3時を指す短針を指でなぞりながら、3時を指す時計(시계[sige])の針の形であることを強調する。

④ もう一度、文字面を提示し、大きな声でコーラスさせる。

◀ 3時を指す時計の針

ひらがな

す

指導要領

① 文字面を提示しながら、「す」をコーラスさせる。

② イラスト面を提示しながら、どういう状況のイラストか説明させる。

③ 「ゴールラインを越えて一回転ジャンプして降りてきてからターンを決めたところ」だと説明する。

④ もう一度、文字面を提示し、大きな声でコーラスさせる。

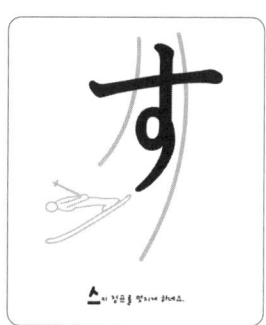
◀ スキーで一回転ジャンプしてかっこよくターン！

せ

指導要領

① 文字面を提示しながら、「せ」をコーラスさせる。

② 地球儀をバックにした漢字がどのひらがなと似ているか聞く。

③ 漢字を知らない学習者のために黒板に「世(세[se])」を書き、意味と読み方を教える。

④ もう一度、文字面を提示し、大きな声でコーラスさせる。

◀ 漢字の「世」と似ています。

そ

指導要領

① 文字面を提示しながら、「そ」をコーラスさせる。

② イラスト面を提示しながら、「おいしいソーセージにかけるものは何でしょう」と聞く。

③ 「ソース」が答えであることを確認し、イラストでもチェックする。

④ もう一度、文字面を提示し、大きな声でコーラスさせる。

＊説明するとき、声門閉鎖音で「ソース(쏘쓰[s'os'u])」とは言わないように注意する(〈注〉韓国語の正書法では声門閉鎖音ではないが、発音時には声門閉鎖音になりやすい)。

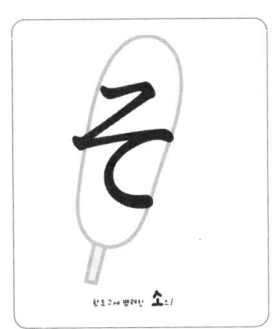

◀ ソーセージにかかっているソース！

た

指導要領

① 文字面を提示しながら、「た」をコーラスさせる。

② イラスト面を提示しながら、イラストを説明させる。

＊イラストを見てすぐ「ターザンが木に登っている」と分かる学習者は少ないと思われる。従って、教師はターザンがよくやる「あ～あ」と言う叫び声を上げて、「これはターザンが蔓を使って木から木に飛び移っているところ」だと説明する。

③ 両手を伸ばし、蔓をつかんで、木に向かってジャンプしているようなジェスチャーをして説明する。

④ もう一度、文字面を提示し、大きな声でコーラスさせる。

＊後で「な」が出てきたとき、「た」と比較するので、他のカードと紛れないようにしておく。

◀ ターザンが蔓を使って移動しているよ！

ち

指導要領

① 文字面を提示しながら、「ち」をコーラスさせる。

② 学習者を指名し、イラストを説明させる。

③ 大体「スカート(치마[chima])をはいた女の人」と答えるだろうが、そこで「風でスカートがめくりあがり、女の人が困っているところ」だと、より詳しく説明する。

④ もう一度、文字面を提示し、大きな声でコーラスさせる。

＊前に出た「さ」のカードを提示しながら、「ち」との違いを言わせる。左を向いているのが「さ」で、右を向いているのが「ち」であることに注意させる。

◀ 風でスカートがめくりあがり、女の人が困っている。

つ

指導要領

① 文字面を提示しながら、「つ」をコーラスさせる。

② イラスト面を提示しながら、イラストを説明させる。

③ 「半分食べて残ったドーナツの「つ」」であると説明する。

＊例えば、「お」→「オアシス」、「え」→「エスカレーター」のように、他の文字は連想のキーワードの語頭音にその文字の音を持ってきているが、ここでは語頭音「ど」ではなく、語末音「つ」であることを強調する。

④ もう一度、文字面を提示し、大きな声でコーラスさせる。

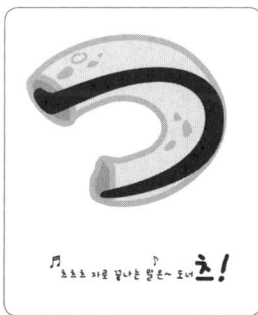

◀ 半分食べて残ったドーナツの「つ」!

て

指導要領

① 文字面を提示しながら、「て」をコーラスさせる。
② イラスト面を提示しながら、「シンプルでかっこいいテーブルがあります。「て」はテーブルの形です」と説明する。
③ もう一度、文字面を提示し、大きな声でコーラスさせる。

◀ シンプルでかっこいいテーブル！

と

指導要領

① 文字面を提示しながら、「と」をコーラスさせる。
② イラスト面を提示しながら、「戻している友達の背中を叩いていますね。どうやって叩いていますか」と聞く。
③ 学習者はいろいろ答えると思うが、教師は「軽く(토닥토닥[todak todak])叩いている」と意見を集約する。
④ もう一度、文字面を提示し、大きな声でコーラスさせる。

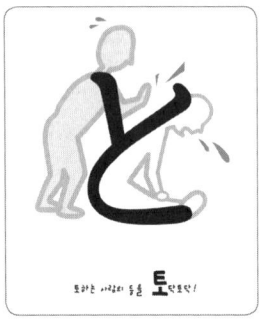
◀ 戻している人の背中をかる〜く叩く

ひらがな

な行

な

指導要領

① 文字面を提示しながら、「な」をコーラスさせる。

② イラスト面を提示しながら、どういう状況のイラストか説明させる。

＊前に出た「た」を提示しながら、何と読むか聞き、「な」のターザンも「た」と関連性があることを確認する。

③ 「ターザンが木(나무[namu])から落ちて転げまわっていますね(転げまわる(나뒹굴다[nadwinggulda]))」と言った後に、どこから落ちたかもう一度確認する。

④ 「木から」落ちたという答えが出るようにする。

⑤ もう一度、文字面を提示し、大きな声でコーラスさせる。

＊前に出た「た」のカードを提示し、もう一度復習する。

◀ 木から落ちて、転げまわっているターザン

に

指導要領

① 文字面を提示しながら、「に」をコーラスさせる。

② イラスト面を提示しながら、「かわいい女子学生(かっこいい男子学生)が、相手を指差しながら、おどけた表情で『私(俺)はあなた(お前(너[ni]))が好き(だ)』と言っているところ」だと説明する。

③ もう一度、文字面を提示し、大きな声でコーラスさせる。

＊相手を指差すときにおもしろいアクションとともに説明する。

◀ 私(俺)はあなた(お前)が好き(だ)！

ぬ

指導要領

① 文字面を提示しながら、「ぬ」をコーラスさせる。

② イラスト面を提示しながら、「黄色い牛(누렁이[nurongi])の顔に見えますか」と聞く。

③ 「黄色の牛の顔と『ぬ』はよく似ていますね。角が2本で目が二つ、本当によく似ていますね」と説明する。

⑤ もう一度、文字面を提示し、大きな声でコーラスさせる。

＊後で「め」が出てきたとき、「ぬ」と比較するので、他のカードと紛れないようにしておく。

◀ 黄色い牛の顔

ね

指導要領

① 文字面を提示しながら、「ね」をコーラスさせる。

② イラスト面を提示しながら、イラストを説明させる。

③ 「ゴールにボールが入り、ネットが揺れているところ」だと説明する。

＊ネットより「ボールがゴールに入った」ということを強調せずに「ゴールにボールが入ると何が揺れますか」などと聞く。

④ 「ネット」という答えが出るようにする。

⑤ もう一度、文字面を提示し、大きな声でコーラスさせる。

＊後で「れ」「わ」が出てきたとき、「ね」も復習する。

◀ ネットにボールが入っている。

の

指導要領

① 文字面を提示しながら、「の」をコーラスさせる。
② イラスト面を提示しながら、「ノートのスプリングと「の」の形が似ていますね」と説明する。
③ もう一度、文字面を提示し、大きな声でコーラスさせる。

◀ ノートのスプリング

は行 は

指導要領

① 文字面を提示しながら、「は」をコーラスさせる。
② イラスト面を提示しながら、「は」の結びの部分を手で隠し、前に出た「け」の形になるようにする。「け」を思い出せない場合は、ヒントとしてケチャップのことを言う。それから、「け」のカードを提示し、復習をする。
③ 「ケチャップの容器を強く押したので、下から飛び出てきてしまいました。はっ！ はっ！ はっ！」と大きく笑い、「ケチャップの下が破れて中身が飛び出してきました。皆さん、おかしくないですか」などと言う。
④ もう一度、文字面を提示し、大きな声でコーラスさせる。

＊「け」とうまく区別できるように、「は」の結びが「ケチャップが飛び出してきた穴に見えるでしょう」と強調する。

◀ ケチャップの下に穴が空いて中身が飛び出してきました〜。はっ！ はっ！ はっ！

ひ

指導要領

① 文字面を提示しながら、「ひ」をコーラスさせる。

②「『ひ』は何に似ているでしょう」と言いながら、イラストを提示する。

③ 五十音図の後半の文字になると、だんだん飽きてくるので、ヒップのイラストを見せながら、アドリブを入れ、学習者が退屈しないようにする。

④ もう一度、文字面を提示し、大きな声でコーラスさせる。

＊簡単に覚えられそうなもの以外は、は行からはそれ以前の行よりも復習を多くする。

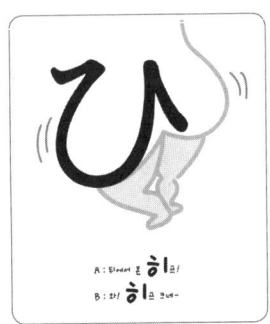

◀ ヒップの形の「ひ」

ふ

指導要領

① 文字面を提示しながら、「ふ」をコーラスさせる。

② イラスト面を提示し、両手で重いものを持ち、足を震えさせながら、「私の足はどうなっていますか」と聞き、「がくがく(후들후들[fudul fudul])震えている」という答えが出てくるようにする。そして、「重いものを持って、歩こうとすると足ががくがくしますよね」と言いながら、イラストを提示し、文字と音が一致するようにする。

③ もう一度、文字面を提示し、大きな声でコーラスさせる。

＊足を大げさに震えさせ、記憶に残るようにすると同時に学習者を笑わせる。

◀ 重いものを持って歩いたら、足が「がくがく」するよ〜。

へ

指導要領

① 文字面を提示しながら、「へ」をコーラスさせる。

② イラスト面を提示しながら、イラストを説明させる。

③ 「水泳しているところ」と言う答えが出たら、「水泳」ではなく、韓国の固有語である「헤엄치다(泳ぐ [heomchida])」で覚えるように強調する。

④ 泳いでいるときの腕の動きを見せる。

⑤ もう一度、文字面を提示し、大きな声でコーラスさせる。

＊左の方を向き、右腕を上げてクロールをしているような格好にならないと、学習者から見て「へ」にならない。

◀ 泳ぐときの腕の形「へ」

ほ

指導要領

① 文字面を提示しながら、「ほ」をコーラスさせる。

② イラスト面を提示しながら、「この絵に描いてあるパンの名前は何ですか」と聞く。

③ 「ホパン(あんまん)」という答えが出てくるように「冬によく食べるおいしいおやつ」とヒントを与える。

④ 「ホパン」という答えが出てくると、一番上の横に引いた字画を取ると何字になるのか聞いてみる。

⑤ 「は」という答えが出てくると、ケチャップの下に穴が空いてそこから飛び出してきたケチャップがこの「ホパン」の上に落ちたと説明する。

⑥ もう一度、文字面を提示し、大きな声でコーラスさせる。

＊比較的覚えにくい文字なので、復習をまめにすること。

◀ あっ！飛び出してきたケチャップがホパンの上に落ちた〜

ま行

ま

指導要領

① 文字面を提示しながら、「ま」をコーラスさせる。

② イラスト面を提示しながら、「手に持っているものは何でしょう」と聞く。

③ 「マウス」と答えが出てくると、マウスの「ま」だと説明する。

④ もう一度、文字面を提示し、大きな声でコーラスさせる。

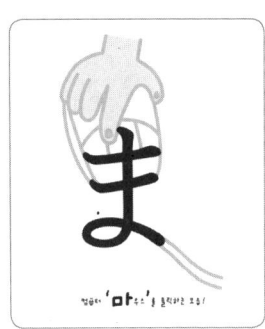

◀ マウスをクリックする。

み

指導要領

① 文字面を提示しながら、「み」をコーラスさせる。

② 遊園地のプールにある大型滑り台を見たことがありますか。そんな滑り台(미끄럼틀 [mikuromtul])を一人の子供が両手を上げて楽しそうに滑り降りてくる形です」と説明する。

③ 「『み』は滑り台の『み』です」と説明する。

④ もう一度、文字面を提示し、大きな声でコーラスさせる。

＊比較的覚えにくい文字なので、復習をまめにすること。

ひらがな

◀ 滑り台を両手を挙げて楽しそうに滑り降りてきています。

む

指導要領

① 文字面を提示しながら、「む」をコーラスさせる。

② イラスト面を提示しながら、「もし、みなさんが海で泳いでいる時、突然海蛇に遭ったらどうですか」と聞く。

③ 「ムソウォ(怖い)」という答えが出てくると、ムソウン(怖い)海蛇の「む」だと説明する。

④ もう一度、文字面を提示し、大きな声でコーラスさせる。

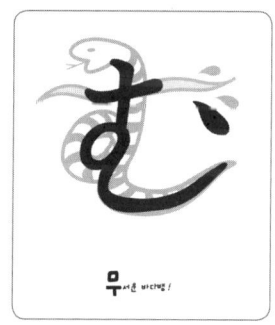

◀ ムソウン(怖い)海蛇!

め

指導要領

① 文字面を提示しながら、「め」をコーラスさせる。

② 「め」のイラストを提示する前に「ぬ」の文字面とイラスト面を提示する。

③ 「ぬ」の復習をした後に「め」のイラストを提示し、「『ぬ』で出てきた黄色の牛がまた登場です。『ぬ』とは何が違いますか」と聞く。

④ 「『ぬ』は、両目を開いていますが、『め』はウインクしています」と説明し、「ぬ」と「め」を比較するようにする。

⑤ 両目を開いていたら「ぬ」で、ウインクしていたら「め」で、「黄色い牛があっかんべ〜(메〜롱[merong])をしている形」だと説明する。

⑥ もう一度、文字面を提示し、大きな声でコーラスさせる。

＊「ぬ」と「め」のイラストを交互に見せ、混同しないように何回も強調する。

◀ 黄色い牛がウインクをしながら「あっかんべ～」をしています。

も

指導要領

① 文字面を提示しながら、「も」をコーラスさせる。

② イラスト面を提示しながら、「この絵の人は何をかぶっていますか」と聞く。

③ 「モザ(帽子)」という答えが出てくると、モザ(帽子)の「も」だと説明する。

④ もう一度、文字面を提示し、大きな声でコーラスさせる。

◀ A：モザ(帽子)をかぶっている人！
　B：モザ(帽子)が大きすぎるの？

 や行　や

指導要領

① 文字面を提示しながら、「や」をコーラスさせる。

② イラスト面を提示しながら、左利きの野球選手(야구[yagu])のイ・スンヨプを例に説明する。

③ バットとボールの位置を指差し確認してから、ボールを打つフォームをして見せる。

④ もう一度、文字面を提示し、大きな声でコーラスさせる。

＊ボールを打つときは、学習者に背中を向けて、バットをゆっくり振る。このとき、左打者としてバットを振らなければならない。

ひらがな

◀ 野球のバットでボールを打つ形

ゆ

指導要領

① 文字面を提示しながら、「ゆ」をコーラスさせる。

② イラスト面を提示し、左腕で腹を隠し、右手は親指を立てるポーズをとって説明する。

③ もう一度、文字面を提示し、大きな声でコーラスさせる。

＊ポーズをとるときは必ず右手を上げてみせること。覚えにくい文字なので復習を多く行う。

◀ ユニフォームを着た選手が自分は最高だと言っている。

よ

指導要領

① 文字面を提示しながら、「よ」をコーラスさせる。

② イラスト面を提示し、「よ」の形になるようにヨガのポーズを行う。

③ もう一度、文字面を提示し、大きな声でコーラスさせる。

＊椅子やテーブルの上に座り、「よ」の字のようにヨガのポーズをとる。

◀ ヨガのポーズ

83

ら

指導要領

① 文字面を提示しながら、「ら」をコーラスさせる。

② イラスト面を提示しながら、「ラーメンを箸で持ち上げた形」だと説明する。

③ 前で出た「ち」をもう一度提示し、「ら」と混同しないようにする。

④ もう一度、文字面を提示し、大きな声でコーラスさせる。

＊覚えにくい文字なので、復習を多く行う。

◀ ラーメンを箸で持ち上げた形

り

指導要領

① 文字面を提示しながら、「り」をコーラスさせる。

② イラスト面を提示しながら、「結んだリボンの下に垂れている部分」だと説明する。

③ リボンの垂れている部分の左より右のほうが長いことを強調する。

④ 前で出てきた「い」と「り」を同時に提示し、違いを説明する。

⑤ もう一度、文字面を提示し、大きな声でコーラスさせる。

＊混同しないように、「い」は右が短いが、「り」は右が長く、1画と2画の間が狭いことを説明する。

◀ リボンの下の部分

る

指導要領

① 文字面を提示しながら、「る」をコーラスさせる。

② イラスト面を提示しながら、下の丸いルビーにポイントを置いて説明する。

③ もう一度、文字面を提示し、大きな声でコーラスさせる。

＊丸いルビーが付いているブローチだと説明するとき、「ろ」と区別するため指で丸いところを特に強調する。

◀ ルビーが付いているブローチ

れ

指導要領

① 文字面を提示しながら、「れ」をコーラスさせる。

② イラスト面を提示しながら、「100メートル走のランナーがスタートしようとしているところです。スタートするとき、『位置について。よ～い(Ready! Go!)』と言いますね」と説明する。

③ もう一度、文字面を提示し、大きな声でコーラスさせる。

＊「れ」を覚えてから、前に出た「ね」を提示し、違いを学習者に説明させる。このとき、「れ」は終わりが上がり、「ね」はネットにボールが引っかかっていると説明し、丸く終わる部分(結び)を指差し強調する。

◀ 位置について。よ～い！

ろ

指導要領

① 文字面を提示しながら、「ろ」をコーラスさせる。

②「る」のカードを提示しながら、「どこが違うでしょう」と聞く。

③「下に付いていた丸いルビーがなくなった」と答えるだろう。このとき、「ろ」のイラスト面の方を提示し、ロケットの絵を見せる。

④「高いルビーを売って、ロケットに乗り、月の世界に旅行に行った」と説明する。

⑤ もう一度、文字面を提示し、大きな声でコーラスさせる。

＊「ロケット」と「ろ」の関連性が薄いので、復習をたくさんすること。

◀ ロケットに乗って月の世界に旅行に行く

わ行

指導要領

① 文字面を提示しながら、「わ」をコーラスさせる。

② イラスト面を提示しながら、「100メートル走で観客の『わーっ』という歓声の中を一位でゴールしました。ゴールした選手にテープが巻きついているところです」と説明する。

③ 前で出てきた「れ」と一緒に提示し、どこが違うか聞く。

④「ね」も提示し、三つの文字の字形を比較する。

⑤ もう一度、文字面を提示し、大きな声でコーラスさせる。

＊三つの文字のそれぞれの特徴を説明する。「ね」は丸いサッカーボールがネットに引っかかっていて、「れ」では「位置について。よ～い」と言いながら、スタート直前のポーズをして見せ、最後が上がっていることを強調する。「わ」はゴールのテープが体に巻きついていると説明し、最後が結ばれず、かつ、上がりもしないことを強調する。

◀「わーっ」という歓声が上がり、ゴールのテープが体に巻きついている。

ひらがな

を

指導要領

① 文字面を提示しながら、「を」をコーラスさせる。
② イラスト面を提示する前に、前で出た「お」を提示し読み方を聞く。そして、[o]と発音する文字が日本語には二つあることを伝える。
③ 「二つの文字は発音は同じだが、形が違う」と説明する。
④ 「を」のイラストを提示し、「『を』はバンジージャンプを初めてする人が後ろに飛び降りようとするが、下を見ると怖くなって、無意識に『オー、マイゴッド』と叫んでいるところ」だと説明する。
⑤ もう一度、文字面を提示し、大きな声でコーラスさせる。

＊人の形は数字の「5」のように見え、下の部分はジャンプ台であると説明する。

◀ ジャンプ台から下を見下ろすと、怖くなって、「オー、マイゴッド」

ん

指導要領

① 文字面を提示しながら、「うん」をコーラスさせる。
② イラストはトイレットペーパーだが、いつそれを使うのか聞く（〈注〉韓国ではトイレットペーパーで口を拭いたりして、トイレ以外の用途にも使う。もともとトイレ限定のものという意識がないと思われる）。
③ トイレの「大」の方を表わすさまざまな言葉が出てきたら、「うんち(응가[unga])」に意見を集約する。
④ もう一度、文字面を提示し、大きな声でコーラスさせる。

＊「ん」は最後の文字であることを強調する。

◀ うんちをしてから使うトイレットペーパー

04 カタカナ指導法のマニュアル(日本語版)

　ア

指導要領

① 文字面を見せながら、「ア」をコーラスさせる。

② イラスト面を見せる前に、「ア」で始まる外来語を聞く。

③ 学習者が「アイスクリーム」と答えたら、イラスト面を見せて「ア」の文字を説明する。

④ 文字面とイラスト面を交互に見せて、「ア」をコーラスさせる。

＊「マ」と比較して説明するので、他のカードと分けておく。
　関連連想文：「ア」終わった後にはアイスクリーム
　　　　　　「マ」マラソンランナーには水が命!!

　◀ あ！アイスクリーム

イ

指導要領

① 文字面を見せながら、「イ」をコーラスさせる。

② イラスト面を見せながら、これは何か聞く。

③ 学習者が「ジャンプ台」と答えたら、国家代表を応援する「イギョラ(勝て)」の「イ」だと説明する。

④ もう一度文字面を見せながら、「イ」をコーラスさせる。

　◀ イギョラ(勝て)、国家代表！

ウ

指導要領

① 文字面を見せながら、「ウ」をコーラスさせる。

② イラスト面を見せながら、気分が良くて大笑いする時どう笑うか聞く。

③ 学習者が答えた後、口を大きく開け、「ウハハハ」と笑う様子の「ウ」だと説明する。

④ もう一度文字面を見せながら、「ウ」をコーラスさせる。

＊「フ」「ワ」と比較して説明するので、他のカードと分けておく。
　関連連想文：「フ」フボジャ（候補者）の一言、「ワ」当選してワインで乾杯
　　　　　　「ウ」気分がいいぞ、ウハハハ〜

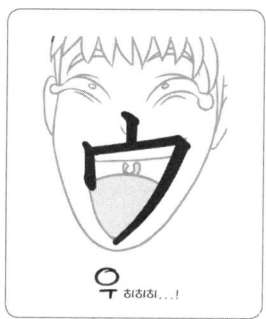

◀ ウハハハ〜

エ

指導要領

① 文字面を見せながら、「エ」をコーラスさせる。

② イラスト面を見せる前に、「エ」で連想できるものは何かを聞く。

③ 学習者に考えさせながら、「この文字がたくさんある家に住んでいる人は誰？ 寒い地方に住んでいる人たちだよ」とヒントを与える。

④ 学習者が答えた後、イラストを見せながら、エスキモーの「エ」だと説明する。

⑤ もう一度文字面を見せながら、「エ」をコーラスさせる。

◀ エスキモーの家に「エ」が隠れているよ！

オ

指導要領

① 文字面を見せながら、「オ」をコーラスさせる。
② イラスト面を見せながら、「オ」の文字になるように教師が同じポーズをとって体で表現する。
③ スケート選手のポーズに「オ〜ワンダフル！」と感動するときの「オ」だと説明する。
④ もう一度文字面を見せながら、「オ」をコーラスさせる。

◀ オ〜 ワンダフル！

カ行 カ

指導要領

① 文字面を見せながら、「カ」をコーラスさせる。
② イラスト面を見せる前に、ひらがなの「か」の形とストーリーを覚えているか聞く。
③ イラストを見せながら、ひらがなの「か」とカタカナの「カ」の違いを確認した後、カタカナでは暑い日に汗を拭きながら、冷たいビールを飲むために、ひらがなの点がなくなったことを説明しながら違いを明らかにする。（ひらがなとカタカナの関連連想）
④ もう一度文字面を見せながら、「カ」をコーラスさせる。

＊ひらがなカード「か」をあらかじめ準備しておく。

◀ 暑い日に汗を拭きながらビールをいっぱい飲んで「カ〜！」

キ

指導要領

① 文字面を見せながら、「キ」をコーラスさせる。

② イラスト面を見せる前にひらがなの「き」のストーリーを覚えているか聞く。

③ イラスト面を見せながら、カタカナでは「おじいさんがキーを長い間使ったため折れてしまった」と説明しながら形の違いを明らかにする。(ひらがなとカタカナの関連連想)

④ もう一度文字面を見せながら、「キ」をコーラスさせる。

＊ひらがなカード「き」をあらかじめ準備しておく。

◀ おじいさんのキーが折れちゃった。

ク

指導要領

① 文字面を見せながら、「ク」をコーラスさせる。

② イラスト面を見せながら、「クーポンがやぶれてしまった」と説明する。

③ 学習者に破れたクーポンの形がカタカナ「ク」と似ていることを強調する。

④ もう一度文字面を見せながら、「ク」をコーラスさせる。

＊「ク」が数字7と似ているので、数字7と関連づけて説明できる。
＊「タ」と比較して説明するので、他のカードと分けておく。
　関連連想文：「ク」クーポンを集めてもらった
　　　　　　　「タ」タオル

◀ 私のクーポン、誰が破ったんだ？
　（7枚集めたらタオルがもらえるのに…。）

ケ

指導要領

① 文字面を見せながら、「ケ」をコーラスさせる。

② 学習者に「ケ」が何に似ているかと聞く。

③ イラスト面を見せながら、ケロロに雷が落ちてケーオーされた様子だと説明する。

④ もう一度文字面を見せながら、「ケ」をコーラスさせる。

◀ 雷が落ちて、ケーオー

コ

指導要領

① 文字面を見せながら、「コ」をコーラスさせる。

② イラスト面を見せながら、「この動物は何ですか」と聞く。

③ 学習者が「コアラ」と答えたら、コアラが木にしがみついている様子の「コ」だと説明する。

④ もう一度文字面を見せながら、「コ」をコーラスさせる。

＊「ユ」「ヨ」と比較して説明するので、他のカードと分けておく。
　関連連想文：「ユ」しっぽで誘惑するコアラ
　　　　　　　「ヨ」コアラが誘惑してもらったヨーグルト（ヤクルト）

◀ コアラが木にしがみついている!!

サ行

サ

指導要領

① 文字面を見せながら、「サ」をコーラスさせる。

② イラスト面を見せる前に、「サ」で連想するものは何かと聞く。

③ 学習者が答えた後、イラストを見せながら「「サ」が魚の骨に似ているでしょう? でも、なくなった身の部分はどこに行ったのでしょう」と聞く。

④ 「身の部分はさしみになったんだよ」「フェ(さしみ)」は日本語で「さしみ」だと説明する。

⑤ もう一度文字面を見せながら、「サ」をコーラスさせる。

◀ サラジン(なくなった)身はどこに行ったんだ。

シ

指導要領

① 文字面を見せながら、「シ」をコーラスさせる。

② イラスト面を見せながら、「この時計の針は何時を示していますか」と聞く。

③ 学習者に「8時10分」と答えさせた後、時計の針に注目させる。

④ 「遅刻だ。うんちして学校に行かなくちゃ」と言い、後にでてくる「ン」との関係も話しておく。

⑤ もう一度文字面を見せながら、「シ」をコーラスさせる。

＊「ン」と比較して説明するので、他のカードと分けておく。
　関連連想文：「シ」シゲ(時計)を見て! 今何時だと思ってるの!
　　　　　　　「ン」お母さん、うんちしたよ!!

◀ シゲ(時計)を見て! 今何時だと思ってるの!

ス

指導要領

① 文字面を見せながら、「ス」をコーラスさせる。

② イラスト面を見せる前に、「ス」の形になるように教師がスイングのポーズをとりながら体で表現する。

③ イラスト面を見せながら、学習者にスイングしたときの「ス」の様子だと説明する。

④ もう一度文字面を見せながら、「ス」をコーラスさせる。

＊「ヌ」「ネ」と比較して説明するので、他のカードと分けておく。

関連連想文Ａ：「ス」スイングしてホームラン！
　　　　　　　「ヌ」ヌガ（誰が）ガラスを割ったの？
関連連想文Ｂ：「ス」スイングしてホームラン！
　　　　　　　「ネ」スポーツでつながる地球村ネットワーク

◀ スイングしてホームラン

セ

指導要領

① 文字面を見せながら、「セ」をコーラスさせる。

② イラスト面を見せる前に、「セ」で連想するものは何かと聞く。

③ 学習者に考えさせた後、イラスト面を見せながら「洗面台を横から見た図」だと説明する。

④ もう一度文字面を見せながら、「セ」をコーラスさせる。

◀ 洗面台で顔を洗おう

ソ

指導要領

① 文字面を見せながら、「ソ」をコーラスさせる。

② イラスト面を見せながら、どんな状況か聞く。

③ 学習者に考えさせた後、「お母さんが怒ってソリ(大声)を出している様子」だと説明する。眉間にしわをよせているイメージを強調する。

④ もう一度文字面を見せながら、「ソ」をコーラスさせる。

＊「ツ」「ノ」「メ」と比較して説明するので、他のカードと分けておく。
　関連連想文：「ツ」スポーツマンなら、体力訓練は基本！
　　　　　　　「ノ」ノラン(黄色い)バナナは運動に最適！
　　　　　　　「ソ」だめよ。勉強もちゃんとしなさいとソリ(大声)を出すおかあさん
　　　　　　　「メ」成功したいなら、メモする習慣を身につけよう

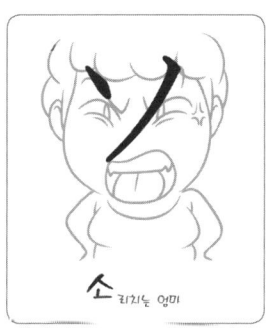

◀ ソリ(大声)を出すお母さん

タ行　タ

指導要領

① 文字面を見せながら、「タ」をコーラスさせる。

② イラスト面を見せながら「物干し竿に何が干してあるのかな？」と聞く。

③ 学習者に考えさせた後、タオルが物干し竿に干してあって風に揺れている様子が「タ」だと説明する。

④ もう一度文字面を見せながら、「タ」をコーラスさせる。

◀ タオルが風になびいて飛ばされそう。

＊この時「ク」と比較して説明する。
　関連連想文：「ク」クーポンを集めてもらった
　　　　　　　「タ」タオル

チ

指導要領

① 文字面を見せながら、「チ」をコーラスさせる。

② イラスト面を見せながら、もうすぐフライドチキンにされてしまう鶏が身もだえをしながら嫌がっている様子だと説明する。

③ もう一度文字面を見せながら、「チ」をコーラスさせる。

＊「テ」と比較して説明するので、他のカードと分けておく。
　関連連想文：「テ」テーブルだけなの？
　　　　　　　「チ」チキンもあるよ

◀ 僕、チキンになりたくない！

ツ

指導要領

① 文字面を見せながら、「ツ」をコーラスさせる。

② イラスト面を見せながら、「スポーツマンにとっては体力訓練が基本でしょう」と言いながら、イラスト面のようにアレーを持ち上げる様子を見せる。

③ 腕の部分とアレーの両端で「ツ」という文字がつくられていることをイメージさせながら説明する。

④ もう一度文字面を見せながら、「ツ」をコーラスさせる。

＊「ノ」「ソ」「メ」と比較して説明するので、他のカードと分けておく。
　関連連想文：「ツ」スポーツマンなら体力訓練は基本！
　　　　　　　「ノ」ノラン(黄色い)バナナは運動に最適！
　　　　　　　「ソ」だめよ。勉強もちゃんとしなさいとソリ(大声)を出すおかあさん
　　　　　　　「メ」成功したいなら、メモする習慣を身につけよう

◀ スポーツマンなら体力訓練は基本！

テ

指導要領

① 文字面を見せながら、「テ」をコーラスさせる。

② イラスト面を見せながら、テーブルの形を「テ」と文字にイメージさせるよう説明する。

③ 何も置かれていないテーブルであることを強調する。

④ もう一度文字面を見せながら、「テ」をコーラスさせる。

＊この時「チ」と比較して説明する。
　関連連想文：「テ」テーブルだけなの？
　　　　　　　「チ」チキンもあるよ

◀ テーブルだけなの？

ト

指導要領

① 文字面を見せながら、「ト」をコーラスさせる。

② イラスト面を見せながら、両手を頭の上に上げウサギの耳をイメージさせる。この時左手の指を曲げてウサギの耳が折れている様子をつくり「ト」を印象付けながらウサギの「ト」であることを強調する。

③ 動物園のウサギが人気を得るためにかわいこぶっていると説明する。

④ もう一度文字面を見せながら、「ト」をコーラスさせる。

◀ トキ（ウサギ）の耳が折れてるよ。

 ナ

指導要領

① 文字面を見せながら、「ナ」をコーラスさせる。
② イラスト面を見せながら、「ナビヤ（ちょうちょ）、ナビヤ（ちょうちょ）、菜の葉にとまれ〜」童謡を歌い、ナビ（ちょうちょ）の「ナ」であることを認識させる。
③ もう一度文字面を見せながら、「ナ」をコーラスさせる。

◀ ナビヤ（ちょうちょ）、ナビヤ（ちょうちょ）、菜の葉にとまれ〜

ニ

指導要領

① 文字面を見せながら、「ニ」をコーラスさせる。
② イラスト面を見せながら、ひらがなの「に」では「ぼく、ニ（君）が好き」であった。今度はその答えとして、カタカナでは「わたし、ニ（君）のことが嫌いなの」と説明する。もう少し具体的に、男子学生が女子学生に「ぼく、ニ（君）が好き」と告白するのだが、女子学生は「わたし、ニ（君）のこと嫌いなの」とふられてしまったと説明をする。（ひらがなとカタカナの関連連想）
③ この時、両手をイラスト面のように相手を指すジェスチャーをして見せる。

④ もう一度文字面を見せながら、「ニ」をコーラスさせる。

＊ひらがなカード「に」をあらかじめ準備しておく。

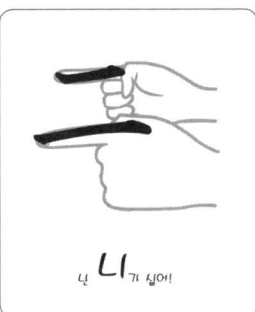

◀ わたし、ニ（君）のこと嫌いなの

ヌ

指導要領

① 文字面を見せながら、「ヌ」をコーラスさせる。

② イラスト面を見せながら、割れた窓ガラスにテープを貼ったと説明する。

③ 貼ってあるテープを指しながら、「ヌガ（誰が）ガラスを割ったの？」と説明する。

④ もう一度文字面を見せながら、「ヌ」をコーラスさせる。

＊「ス」と一緒に説明する。
　関連連想文：「ス」スイングしてホームラン！
　　　　　　　「ヌ」ヌガ（誰が）ガラスを割ったの？

◀ ヌガ（誰が）ガラスを割ったの？

ネ

指導要領

① 文字面を見せながら、「ネ」をコーラスさせる。

② イラスト面を見せながら、インターネットや通信網で一つのネットワークとしてつながっている地球村であることを説明する。

③ もう一度文字面を見せながら、「ネ」をコーラスさせる。

＊「ス」と一緒に説明する。
　関連連想文：「ス」スイングしてホームラン！
　　　　　　　「ネ」スポーツでつながる地球村ネットワーク

◀ ネットワークでつながる地球村

ノ

指導要領

① 文字面を見せながら、「ノ」をコーラスさせる。

② イラスト面を見せる前に「サルが好きなものってなんだろう」と聞いて「バナナ」、「じゃ、バナナは何色?」と聞いて「黄色」と答えさせる。

③ イラスト面を見せながら、ノラン(黄色い)バナナの形をした「ノ」であることを強調する。

④ もう一度文字面を見せながら、「ノ」をコーラスさせる。

＊あとで「ツ」、「ソ」、「メ」と比較して説明するので、他のカードと分けておく。
　関連連想文：「ツ」スポーツマンなら体力訓練は基本！
　　　　　　　「ノ」ノラン(黄色い)バナナは運動に最適！
　　　　　　　「ソ」だめよ。勉強もちゃんとしなさいとソリ(大声)を出すおかあさん
　　　　　　　「メ」成功したいなら、メモする習慣を身につけよう

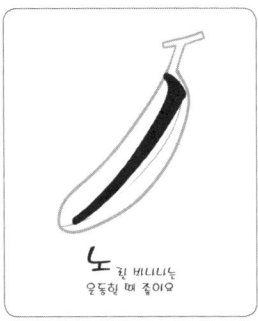

◀ ノラン(黄色い)バナナは運動に最適！

ハ行

ハ

指導要領

① 文字面を見せながら「ハ」をコーラスさせる。
② イラスト面を見せる前に、「ハ」で連想するものは何か聞く。
③ イラスト面を見せて、ハフェタル(韓国の伝統仮面)の皺(しわ)の部分を強調して説明する。例えば、ハフェタル(仮面)が笑って「ハ」の字の皺ができた、などと説明する。
④ もう一度文字面を見せながら、「ハ」をコーラスさせる。

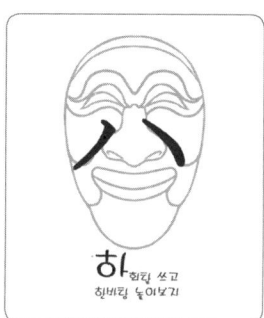

◀ ハフェタル(韓国の伝統仮面)をつけて遊んでみよう。

ヒ

指導要領

① 文字面を見せながら「ヒ」をコーラスさせる。
② イラスト面を見せる前に、「ヒ」で連想できるものは何かを聞く。
③ イラスト面を見せて、ヒップが大きくて椅子が小さい点をひょうきんな感じで説明する。
④ もう一度文字面を見せながら、「ヒ」をコーラスさせる。

◀ ヒップが大きいの? 椅子が小さいの?

フ

指導要領

① 文字面を見せながら「フ」をコーラスさせる。

② イラスト面を見せながら、どんな状況か聞く。

③ 選挙に出馬したフボジャ(候補者)が、マイクの前で演説している状況だと説明した後、フボジャ(候補者)の口の部分を指して、フボジャ(候補者)の「フ」を強調する。

④ もう一度文字面を見せながら、「フ」をコーラスさせる。

＊「ワ」「ウ」と比較して説明するので、他のカードと分けておく。
　関連連想文：「フ」フボジャ(候補者)の一言
　　　　　　　「ワ」当選して、ワインで乾杯
　　　　　　　「ウ」気分がいいぞ、ウハハハ!

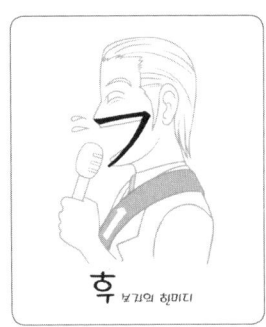

◀ フボジャ(候補者)の一言

ヘ

指導要領

① 文字面を見せながら、「ヘ」をコーラスさせる。

② イラスト面を見せる前に、ひらがなの「へ」の形とストーリーを覚えているか聞く。

③ イラスト面を見せて、イラストのように学習者に腕を「ヘ」の形に作らせる。

④ もう一度文字面を見せながら、「ヘ」をコーラスさせる。

＊ひらがなカード「へ」をあらかじめ準備しておく。

◀ ヘヨム(泳ぐ)姿がすてき

ホ

指導要領

① 文字面を見せながら「ホ」をコーラスさせる。

② イラスト面を見せる前に、「ホ」で連想するものは何かと聞く。

③ イラスト面を見せて、ホランイ(トラ)の皮の広げられている姿を文字「ホ」と連結させて説明する。

④ もう一度文字面を見せながら、「ホ」をコーラスさせる。

◀ ホランイ(トラ)の皮！ガオ〜！

マ

指導要領

① 文字面を見せながら「マ」をコーラスさせる。

② イラスト面を見せて、直接ペットボトルを手に持って走るマラソンランナーの腕の形を強調する。

③ 「マ」の文字の「点(丶)」最後の部分を注目させるために、もう一度ペットボトルの部分を強調する。

④ もう一度文字面を見せながら、「マ」をコーラスさせる。

＊あらかじめペットボトルを準備しておく。
＊この時「ア」と比較して説明する。
　関連連想文：「マ」マラソンランナーには水が命!!
　　　　　　　「ア」終わった後にはアイスクリーム

◀ マラソンランナーには、水が命!!

ミ

指導要領

① 文字を見せながら「ミ」をコーラスさせる。

② イラスト面を見せて、どんな絵かを聞く。

③ ミクラジ(ドジョウ)がエサを見つけて上に向かう姿だと説明する。

④ もう一度文字面を見せながら、「ミ」をコーラスさせる。

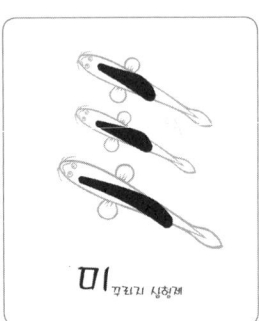

◀ ミクラジ(ドジョウ)3兄弟

ム

指導要領

① 文字面を見せながら「ム」をコーラスさせる。

② イラスト面を見せてどんな場面かを聞く。

③ 学生が授業中に騒いで、廊下でひざまづいて反省しているムルッ(膝)の「ム」だと説明する。

④ もう一度文字面を見せながら、「ム」をコーラスさせる。

＊実際に膝をついて足の裏を斜めにして「ム」という文字体を作る。

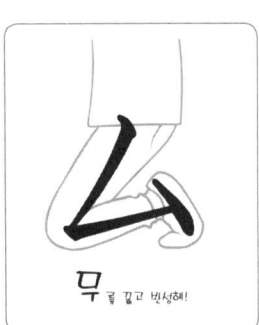

◀ ムルックルコ(ひざまづいて)反省しなさい!

メ

指導要領

① 文字面を見せながら「メ」をコーラスさせる。

② イラスト面を見せる前に、「メ」で始まる言葉を聞く。

③ イラスト面を見せて「メモ用紙にメモをしているペンと親指の形」だと説明する。

④ 学習者にイラスト面と同じ動作をさせた後、もう一度文字面を見せながら、「メ」をコーラスさせる。

＊この時「ツ」「ソ」「ノ」と比較して説明する。
　関連連想文：「ツ」スポーツマンなら、体力訓練は基本！
　　　　　　　「ノ」ノラン(黄色い)バナナは運動に最適！
　　　　　　　「ソ」だめよ。勉強もちゃんとしなさいとソリ(大声)を出すおかあさん
　　　　　　　「メ」成功したいなら、メモする習慣を身につけよう

◀ メモする習慣を身につけよう。

モ

指導要領

① 文字面を見せながら「モ」をコーラスさせる。

②「夏、一番嫌いな虫はなんですか」と聞く。

③ 学習者から「モギ(蚊)」という言葉が出てきたら、イラスト面を見せながら「モ」は「モギ(蚊)」の姿と似ている形だと説明する。

④ もう一度文字面を見せながら、「モ」をコーラスさせる。

＊この時「ニ」と比較して説明する。
＊前に説明した「ニ」のストーリーを聞き、「ニ(君)が嫌い」のその対象がまさにモギ(蚊)ということを指摘して「ニ」と「モ」の違いを説明する。

◀ モギ(蚊)だ！殺虫剤!!

 ヤ

指導要領

① 文字面を見せながら「ヤ」をコーラスさせる。

② イラスト面を見せる前に、ひらがなの「や」の形とストーリーを覚えているか聞く。

③ ひらがなの「や」とカタカナの「ヤ」のイラスト面を見せながら、ひらがなの「や」は野球選手がスイングする姿であり、ホームランを打ったためにカタカナの「ヤ」は上の部分のボール(点)が飛んでいったと説明する。(ひらがなとカタカナの関連連想)

④ もう一度文字面を見せながら、「ヤ」をコーラスさせる。

＊ひらがなカード「や」をあらかじめ準備しておく。

＊バット、またはそれと似ている物を準備しておき、実際にスイングする姿を見せ、「お〜〜ボールはどこに行ったのかな」と言う。

◀ 野球のボール、どこ行った？

ユ

指導要領

① 文字面を見せながら「ユ」をコーラスさせる。

② カタカナの「コ」から連想したものは何だったか聞く。

③ 学習者が「コアラ」と答えたら、今回は「コアラはしっぽがある？ どんな形？」と聞く。
　　(関連連想)

④ 「ユ」のイラスト面を見せた後、「ユ」は「このコアラが人を誘惑するためにしっぽを最大限長く伸ばした形」と言って違いを強調する。

⑤ もう一度文字面を見せながら、「ユ」をコーラスさせる。

＊「コ」をあらかじめ準備しておく。
＊「コアラシリーズは最後に「ヨ」があります」と言って学習者の関心を引いておく。
＊韓国語の「ユ[ku]」の文字と似ていると説明してもよい。

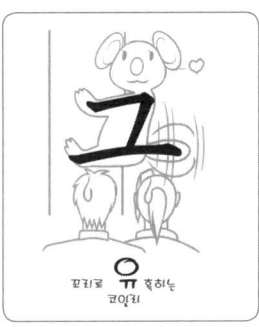

◀ しっぽで誘惑するコアラ

ヨ

指導要領

① 文字面を見せながら「ヨ」をコーラスさせる。

② 「さっきコアラが人を誘惑してもらったものは何だと思う?」と聞く。

③ イラスト面を見せながら、「ヨーグルト(ヤクルト)」をもらったと説明する。

④ もう一度文字面を見せながら、「ヨ」をコーラスさせる。

＊この時「コ」「ユ」と比較して説明する。
　関連連想文：「コ」コアラが木にしがみついている姿
　　　　　　　「ユ」そのコアラが誘惑している姿
　　　　　　　「ヨ」コアラが誘惑してもらったヨーグルト(ヤクルト)

◀ コアラが誘惑してもらったヨーグルト(ヤクルト)

 ラ

指導要領

① 文字面を見せながら「ラ」をコーラスさせる。

② 学習者に「ラーメン、好き?」と聞いて「やっぱり割り箸が食べやすいよね」と言う。

③ イラスト面を見せながら、「割り箸でラーメンを食べるときの形」だと説明する。

④ もう一度文字面を見せながら、「ラ」をコーラスさせる。

＊「ヲ」を説明する時に必要なので、他のカードと分けておく。
　関連連想文：「ラ」のラーメンは
　　　　　　　「ヲ」オリ（アヒル）ラーメン！

◀ ラーメンはやっぱり割り箸で〜〜

リ

指導要領

① 文字面を見せながら「リ」をコーラスさせる。

② イラスト面を見せる前に、ひらがなの「り」の形とストーリーを覚えているか聞く。

③ ひらがなの「り」とカタカナの「リ」のイラスト面を見せながら、違いを説明する。

　（ひらがなとカタカナの関連連想）

④ もう一度文字面を見せながら、「リ」をコーラスさせる。

＊ひらがなカード「り」をあらかじめ準備しておく。

＊「り」は曲線であり左側の文字線には「はね」があるが、「リ」は直線であり左側の文字線には「はね」がないという違いを説明する。

◀ ひらがなのリボンと似ているでしょ。

ル

指導要領

① 文字面を見せながら「ル」をコーラスさせる。

② 学習者にうれしい時、どのように表現するか聞く。

③ 学習者に考えさせた後でイラスト面を見せながら、かけっこで一位になって喜んでいる人の姿、特に足の形が「ル」だと説明する。

④ もう一度文字面を見せながら、「ル」をコーラスさせる。

＊「レ」と比較して説明するので、他のカードと分けておく。
　関連連想文：「レ」レディ～（よ～い）（どん）
　　　　　　　「ル」ルルララ～～ 1位だ～

◀ ルルララ～～ 一位だ～

レ

指導要領

① 文字面を見せながら「レ」をコーラスさせる。

② イラスト面を見せる前に、ひらがなの「れ」の形とストーリーを覚えているか聞く。

③ ひらがなの「れ」とカタカナの「レ」のイラスト面を見せながら、ひらがなの「れ」は「位置について」の姿勢だったが、カタカナの「レ」は「レディ～（よ～い）」段階の足の形だと説明する。（ひらがなとカタカナの関連連想）

④ もう一度「レ」の文字面を見せて「レディ～～」の「レ」だと強調し、「レ」をコーラスさせる。

＊ひらがなカード「れ」をあらかじめ準備しておく。
＊この時「ル」と比較して説明する。
　関連連想文：「レ」レディ～（よ～い）（どん）
　　　　　　　「ル」ルルララ～～１位だ～

◀ レディ〜〜!!

ロ

指導要領

① 文字面を見せながら「ロ」をコーラスさせる。

② イラスト面を見せる前に、「ロ」で連想できるものは何かを聞く。

③ イラスト面を見せながら、「次第に科学が発達し、今ではロボットも心（ハート）を持つ時代になった」と説明し、「ロ」はロボットの体の形だと説明する。

④ もう一度文字面を見せながら、「ロ」をコーラスさせる。

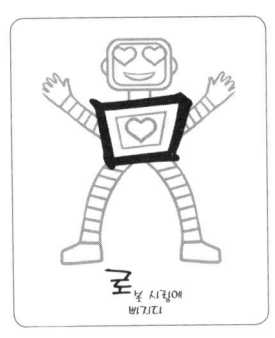

◀ ロボットにもハートがあるよ!!

ワ行

ワ

指導要領

① 文字面を見せながら「ワ」をコーラスさせる。

② イラスト面を見せる前に、「ワ」で連想できるものは何かを聞く。

③ 学習者に考えさせた後、イラスト面を見せながら「ワイングラス」の形と似ていると説明する。

④ 「ワイングラス」を持って「さあ、乾杯〜〜」と言う。

⑤ もう一度文字面を見せながら、「ワ」をコーラスさせる。

＊あらかじめワイングラスを準備しておく。
＊この時「フ」「ウ」と比較して説明する。
　関連連想文：「フ」フボジャ(候補者)の一言
　　　　　　　「ワ」当選して、ワインで乾杯
　　　　　　　「ウ」気分がいいぞ、ウハハハ!

◀ワインで乾杯〜〜

ヲ

指導要領

① 文字面を見せながら「ヲ」をコーラスさせる。

② イラスト面を見せながら、オリ(アヒル)の翼の部分が「ヲ」と似ていると説明する。

③ 「ヲ」という文字が、前に習ったどんな文字に似ているか聞く。

④ 学習者に考えさせた後、「ラ」のイラスト面を見せながら「ラ」のラーメンは「オリ(アヒル)ラーメン」だと説明する。

⑤ 「ラ」と「ヲ」の文字面を同時に見せながら、ラーメンの「ラ」とオリ(アヒル)の「ヲ」をコーラスさせる。

＊この時「ラ」と比較して説明する。
　関連連想文：「ラ」のラーメンは
　　　　　　　「ヲ」オリ(アヒル)ラーメン!

◀オリ(アヒル)、翼はあるけど…。

指導要領

① 文字面を見せながら「ン」をコーラスさせる。

② イラスト面を見せる前に、ひらがなの「ん」の形とストーリーを覚えているか聞く。

③ イラスト面を見せながら、ひらがなの「ん」もカタカナの「ン」も同じ「うんち」のストーリーだと説明する。(ひらがなとカタカナの関連連想)

④ 「シ」と「ン」の文字面を一緒に見せて、その違いを強調する。

⑤ もう一度文字面を見せながら、「ン」をコーラスさせる。

＊ひらがなカード「ん」をあらかじめ準備しておく。
＊この時「シ」と比較して説明する。
　関連連想文：「シ」シゲ(時計)を見て！今何時だと思ってるの！
　　　　　　　「ン」お母さん、うんちしたよ!!

◀ お母さん、うんちしたよ!!

제3장
부록

히라가나와 가타카나 게임

여기에서는 실제로 수업시간에 사용하면서 학습자들이 히라가나와 가타카나 학습의 흥미 유발에 도움이 될만한 게임을 몇 가지 소개하고자 한다. 교사는 게임의 내용이나 방법을 학습자들의 수준에 맞추어서 바꾸거나 새롭게 만들어 내어도 좋다.

등으로 단어 전달하기 게임

① 5명이 한 조를 이루어 교사에게 등을 돌려서 한 줄로 선다.
② 교사가 단어 중 하나를 가장 앞에 있는 학생들에게 보여 준다.
   (답은 모두 다르게 한다)
③ 학생들은 본 단어를 두 번째 학생들의 등에 적는다.
④ 계속해서 등에 적어서 전달하고 마지막 학생들은 칠판에 적고 읽는다.
⑤ 정답을 전달한다.

단어 볼링

① 장난감 볼링 세트(또는 페트병과 공 열 개)를 준비한다.
② 볼링 핀에 그림 카드를 부착하고 공을 던져서 쓰러뜨린다.
③ 쓰러진 핀의 단어를 읽을 수 있다면 그 수만큼 점수를 더한다.
④ 3회전 정도까지 하고 점수를 합산한다.

명사 주사위 놀이

① 그림카드에 나온 단어의 그림을 이용해서 주사위 판을 작성하고, 주사위를 준비해서 4~5명이 한 조를 이루어 주사위 놀이를 하도록 한다.
② 학생들은 주사위에서 나온 숫자만큼 앞으로 나간 곳에 있는 그림을 보고 일본어로 말한다.
③ 말할 수 있다면, 그곳에 자신의 말(지우개)을 놓아둔다. 틀리면 원래 장소로 말을 되돌려 놓는다.
④ 골에 빨리 도착하는 사람이 이긴다.

※ 주사위 면을 「3・2・1・0・-1・-2」의 여섯 개로 하면, 게임을 오랫동안 즐길 수 있을 것이다.

사령탑 게임

① 다섯 명이 조를 이루어 이 중 한 명이 사령탑이 된다.
② 교사가 글자 하나를 말한다. 이때 리듬에 맞추어 말하면 더욱 좋다. (「ア, ア, アアアアア」 "아, 아, 아아아아아"라고 하면서 곡에 맞추어 노래를 부르면서 글자를 제시하는 것도 게임 분위기를 조성하는데 도움이 된다.)
③ 사령탑을 맡은 학생들은 네 명 중 한 명을 지목하고, 지목 받은 학생은 그 글자를 사용하여 단어를 신속하게 말한다.
④ ②와 ③을 반복해서 머뭇거리지 않고 길게 이어가는 팀이 승리한다.
※ 대표 2~3팀의 대항전 형식으로 해서 다른 학생들에게 심판을 시켜도 좋다.

조금만이야

① 그림카드를 여러 장의 종이로 모자이크식으로 덮어서 윗부분을 풀이나 테이프로 붙이고, 가위로 자름선을 넣어서 창에 다는 발 형태로 만든다. (붙이는 종이는 포스트잇을 사용하면 간단하며, 다른 수업에서도 재활용할 수 있다.)
② 교사가 「すこしだけ(조금만이야)」라고 말하면서 방금 만든 것을 한 장 떼어내고, 학생들이 그 그림을 보고 일본어로 말하게 한다.
③ 무심결에 한국어로 말한 학생은 탈락시키고, 나머지 인원으로 게임을 진행한다.

저자 소개

히라가나 제작진

カッケンブッシュ寛子 (前 名古屋外国語大学 外国語学部 教授)
水田澄子 (名古屋外国語大学 外国語学部 教授)
梅田康子 (愛知大学 現代中国語学部 助教授)
鈴木庸子 (国際基督教大学 日本語教育課程 講師)
정기영 (부산외국어대학교 교수)
김용각 (부산외국어대학교 부교수)
김주연 (동의과학대학 조교수)
최희순 (부산여자상업고등학교 교사)
최병호 (부산여자상업고등학교 교사)
문상근 (대진정보통신고등학교 교사)
서미영 (전 대진정보통신고등학교 교사)
차상우 (예문여자고등학교 교사)
강태이 (예문여자고등학교 교사)
김진환 (창신고등학교 교사)
박종훈 (창신고등학교 교사)

이용희 (부산외대 대학원)
서동숙 (부산외대 대학원)
유문심 (부산외대 대학원)
석 나 (부산외국어대학교 전임강사)
이다 마키코 (부산외국어대학교 전임강사)
다카하시 가즈키 (부산외대 대학원)
무라코시 지카코 (부산외국어대학교 강사)
호리 히로코 (부산정보대 전임강사)
사누이 교코 (부산외대 대학원)
다케다 유코 (배제대학교 전임강사)
스에마쓰 미치코 (동의과학대학 강사)

검토위원

차상우 (예문여자고등학교 교사)
김진환 (창신고등학교 교사)
문상근 (대진정보통신고등학교 교사)
최희순 (부산여자상업고등학교 교사)
최병호 (부산여자상업고등학교 교사)

가타카나 제작진

저자

정기영 (부산외국어대학교 교수)
김용각 (부산외국어대학교 부교수)
미즈누마 가즈노리 (부산외국어대학교 조교수)
김주연 (부산외대 강사)

연구진

차동엽 (사단법인 부산한일교류센터 사무국장)
문지현 (양산대학 강사)
오상훈 (화신사이버대학교 강사)
이명영 (부산외국어대학교 강사)
정은주 (신라대학교 강사)
김현정 (부산시청)

사령탑 게임

① 다섯 명이 조를 이루어 이 중 한 명이 사령탑이 된다.
② 교사가 글자 하나를 말한다. 이때 리듬에 맞추어 말하면 더욱 좋다. (「ア, ア, アアアアア」 "아, 아, 아아아아아"라고 하면서 곡에 맞추어 노래를 부르면서 글자를 제시하는 것도 게임 분위기를 조성하는데 도움이 된다.)
③ 사령탑을 맡은 학생들은 네 명 중 한 명을 지목하고, 지목 받은 학생은 그 글자를 사용하여 단어를 신속하게 말한다.
④ ②와 ③을 반복해서 머뭇거리지 않고 길게 이어가는 팀이 승리한다.
※ 대표 2~3팀의 대항전 형식으로 해서 다른 학생들에게 심판을 시켜도 좋다.

조금만이야

① 그림카드를 여러 장의 종이로 모자이크식으로 덮어서 윗부분을 풀이나 테이프로 붙이고, 가위로 자름선을 넣어서 창에 다는 발 형태로 만든다. (붙이는 종이는 포스트잇을 사용하면 간단하며, 다른 수업에서도 재활용할 수 있다.)
② 교사가 「すこしだけ(조금만이야)」라고 말하면서 방금 만든 것을 한 장 떼어내고, 학생들이 그 그림을 보고 일본어로 말하게 한다.
③ 무심결에 한국어로 말한 학생은 탈락시키고, 나머지 인원으로 게임을 진행한다.

저자 소개

히라가나 제작진

カッケンブッシュ寛子(前 名古屋外国語大学 外国語学部 教授)
水田澄子(名古屋外国語大学 外国語学部 教授)
梅田康子(愛知大学 現代中国語学部 助教授)
鈴木庸子(国際基督教大学 日本語教育課程 講師)
정기영 (부산외국어대학교 교수)
김용각 (부산외국어대학교 부교수)
김주연 (동의과학대학 조교수)
최희순 (부산여자상업고등학교 교사)
최병호 (부산여자상업고등학교 교사)
문상근 (대진정보통신고등학교 교사)
서미영 (전 대진정보통신고등학교 교사)
차상우 (예문여자고등학교 교사)
강태이 (예문여자고등학교 교사)
김진환 (창신고등학교 교사)
박종훈 (창신고등학교 교사)

이용희 (부산외대 대학원)
서동숙 (부산외대 대학원)
유문심 (부산외대 대학원)
석 나 (부산외국어대학교 전임강사)
이다 마키코 (부산외국어대학교 전임강사)
다카하시 가즈키 (부산외대 대학원)
무라코시 지카코 (부산외국어대학교 강사)
호리 히로코 (부산정보대 전임강사)
사누이 교코 (부산외대 대학원)
다케다 유코 (배제대학교 전임강사)
스에마쓰 미치코 (동의과학대학 강사)

검토위원

차상우 (예문여자고등학교 교사)
김진환 (창신고등학교 교사)
문상근 (대진정보통신고등학교 교사)
최희순 (부산여자상업고등학교 교사)
최병호 (부산여자상업고등학교 교사)

가타카나 제작진

저자

정기영 (부산외국어대학교 교수)
김용각 (부산외국어대학교 부교수)
미즈누마 가즈노리 (부산외국어대학교 조교수)
김주연 (부산외대 강사)

연구진

차동엽 (사단법인 부산한일교류센터 사무국장)
문지현 (양산대학 강사)
오상훈 (화신사이버대학교 강사)
이명영 (부산외국어대학교 강사)
정은주 (신라대학교 강사)
김현정 (부산시청)